ROMANS HISTORIQUES
DE SIR WALTER SCOTT.

Guy Mannering
ou
L'Astrologue.

Tome 3.

Paris
1823.

Dieu et la constitution de la monarchie [espa-]
gnole, et pendant son absence et sa cap[tivité]
la Régence du royaume, nommée par les [Cortès]
généraux et extraordinaires, à tous ce[ux qui]
auront connaissance des présentes, faisons [savoir]
que ces Cortès ont décrété et sanctionné la [cons-]
titution suivante :

GUY MANNERING

ou

L'ASTROLOGUE.

III.

GUY MANNERING

OU

L'ASTROLOGUE;

PAR

SIR WALTER SCOTT.

TRADUCTION NOUVELLE.

TOME TROISIÈME.

PARIS,

F. DENN, rue des Grands-Augustins, n.º 21.
MASSON, rue Hautefeuille, n.º 14.

M DCCC XXIII.

GUY MANNERING
ou
L'ASTROLOGUE.

CHAPITRE PREMIER.

Ce n'est point par les yeux qu'on voit agir les ressorts secrets du cœur humain. — Regarde avec tes oreilles, vois ce juge qui interroge ce voleur. Ecoute bien.... Maintenant change de place, et dis-moi quel est le juge, quel est le voleur ?

Le Roi Léar.

Parmi ceux qui prenaient le plus grand intérêt à découvrir celui qui avait blessé le jeune Hazlewood, était Gilbert Glossin, écuyer, autrefois simple greffier, maintenant Seigneur d'Ellangowan et Juge de paix du comté. Il agissait par divers motifs ; mais nous pensons que nos lecteurs qui ont déjà fait connaissance avec lui, ne les attribueront pas à un zèle désintéressé pour la justice.

La vérité est que ce respectable personnage ne jouissait pas du bonheur auquel il s'était attendu, lorsque par ses intrigues, il s'empara des biens de son bienfaiteur. En réfléchissant sur son ancien état, il ne se félicitait pas du succès de son stratagême. Lorsqu'il regardait autour de lui, il ne pouvait se dissimuler qu'il était exclus de la société des nobles du pays, au rang desquels il avait cru s'élever. Il n'était pas admis dans leurs cercles; et dans les assemblées publiques, ils le traitaient avec froideur et fierté, autant par principes que par préjugés; ils le méprisaient pour l'obscurité de sa naissance, et le haïssaient pour les moyens honteux auxquels il devait sa fortune. Le bas peuple le respectait encore moins: loin de lui donner le titre d'Ellangowan on ne l'appelait pas même *Monsieur* Glossin; on ne le nommait que Glossin tout court. Sa vanité en était si blessée, qu'on n'ignorait pas qu'il avait donné une demi-couronne à un mendiant qui, en lui demandant l'aumône, l'avait appelé trois fois Ellangowan. Ce peu de considération lui était d'autant plus sensible, que M. Mac-Morlan, d'une condition bien inférieure, était reçu, fêté, respecté du riche et du pauvre; et posait les fondements d'une fortune modérée avec l'amitié et l'estime de tous ceux qui le connaissaient.

Malgré le chagrin concentré que lui causaient ce qu'il appelait les préjugés du pays, il était trop adroit pour s'en plaindre ouvertement. Il sentait que son élévation était trop récente, et les moyens dont il s'était servi trop odieux pour être sitôt oubliés. Mais le temps, pensait-il, effacera ces souvenirs. Avec la souplesse d'un homme qui élève sa fortune en profitant des faiblesses humaines, il résolut de saisir les occasions de se rendre utile à ceux même qui le détestaient le plus. Il pensait qu'à force d'habileté, il mettrait à profit l'humeur tracassière des gentilshommes de la contrée, qui dans leurs procès ne mépriseraient point les conseils précieux d'un homme de loi, et qu'avec de l'adresse et de la patience, il ne tarderait pas à se rendre plus important et plus respectable aux yeux de ses voisins.

L'attaque de la maison du colonel Mannering suivie de la blessure d'Hazlewood, parurent à Glossin une occasion avantageuse pour donner une haute idée de son zèle pour le bien public et de ses talents dans le barreau et la magistrature. Cette circonstance lui était d'autant plus favorable, qu'ayant des liaisons étroites avec les contrebandiers, soit comme leur homme d'affaire, soit comme leur associé, il connaissait parfaitement leurs habitudes. Mais ces relations n'existaient plus depuis long-temps ; considérant qu'ordinairement la vie des grands hommes de cette classe est courte, ou que des raisons de haute politique les obligent de transporter dans d'autres contrées le théâtre de leurs exploits, il ne croyait pas que ses recherches pussent compromettre d'anciens amis dont il saurait à redouter la vengeance. La part qu'il avait eue dans leur commerce ne devait pas, selon lui, l'empêcher de faire servir son expérience à l'intérêt public, ou plutôt à son intérêt particulier. Acquérir les bonnes graces et l'amitié du colonel Mannering était beaucoup pour lui, mais obtenir la faveur et la confiance du vieux Hazlewood, homme d'une grande considération dans le pays, était un motif de bien plus d'importance. Enfin s'il réussissait à découvrir et à convaincre les coupables, il aurait la satisfaction de mortifier Mac-Morlan, qui en qualité de substitut du Shériff devait s'occuper des recherches de ce crime et qui perdrait de l'estime publique, si les perquisitions volontaires de lui, Glossin, étaient plus fructueuses que les siennes.

Excité par des motifs si stimulants, et lié avec les agens subalternes de la justice, il mit tout en mouvement pour découvrir et faire arrêter les brigands qui avaient attaqué Woodbourne et particulièrement l'individu qui avait blessé Charles Hazlewood. Il promit de grandes récompenses; il se servit de ses anciennes connaissances qui avaient favorisé la contrebande, leur faisant entendre qu'il valait mieux sacrifier quelques-uns de ces misérables, que d'être soupçonné d'avoir participé à leurs crimes. Mais toutes les perquisitions furent pendant quelque temps inutiles. Le bas peuple craignait ou favorisait les contrebandiers. Enfin l'infatigable magistrat, ayant appris qu'un homme dont le signalement répondait aux traits et à l'extérieur de celui qui avait blessé Hazlewood, avait logé la veille de cet accident à Kipplctringan, aux Armes de Gordon, s'y rendit aussitôt pour interroger notre ancienne connaissance, mistress Mac-Candlish.

Le lecteur peut se souvenir que M. Glossin, selon l'expression de la bonne dame, n'était pas bien dans ses visières. Elle ne se rendit donc qu'avec répugnance dans le salon et en entrant, elle le salua par une froide révérence. Ils eurent ensemble l'entretien suivant.

— Voici une belle matinée, mistress Mac-Candlish.

— Oui, monsieur, elle est assez belle.

— Auriez-vous la bonté de me dire si

les juges de paix dîneront ici comme à leur ordinaire après leur audience de mardi ?

— Je crois qu'oui, monsieur ; je le pense.... c'est leur habitude... (elle veut s'en aller).

— Attendez un moment, mistress Mac-Candlish, vous êtes prodigieusement pressée, ma chère amie. J'ai pensé qu'un club qui se réunirait ici pour se régaler une fois le mois, vous serait agréable.

— Certainement, monsieur, un club de gens *respectables.*

— Sans doute, sans doute : j'entends des propriétaires et des hommes considérés dans le pays.

La froideur avec laquelle mistress Mac-Candlish recevait cette proposition, n'indiquait pas un refus, mais bien le doute que ce projet pût réussir, sous les auspices de Glossin. Il la comprit, mais il entrait dans son plan de ne pas s'en offenser.

— La route est-elle fréquentée ? Vous avez sans doute bonne compagnie ?

— Assez bonne, monsieur ; mais on m'attend à mon comptoir.

— Non, non; pourquoi ne pas vouloir accorder un moment d'entretien à un de vos anciens habitués? Ne vous rappelez-vous pas d'avoir logé la semaine passée un jeune homme d'une taille avantageuse?

— Ma foi, monsieur, je ne puis vous le dire, lorsque les gens paient bien, je ne remarque point s'ils sont grands ou petits.

— Et s'ils ne paient point, vous les remarquez, mistress Mac-Candlish; ah! ah! ah! — Mais le jeune homme dont je vous parle, avait un habit brun, avec des boutons de métal, des cheveux chatain-clair sans poudre, des yeux bleus, le nez un peu gros; il voyageait à pied et n'avait ni domestique ni bagage. Vous vous souvenez sûrement d'avoir vu un tel voyageur?

— En vérité, monsieur, je ne charge pas ma mémoire de pareils détails; il y a assez d'affaires dans la maison, sans que j'aille encore remarquer les cheveux, le nez, ou les yeux de ceux qui s'arrêtent chez nous.

OU L'ASTROLOGUE.

— Je dois donc vous dire seulement, mistress Mac-Candlish, que cette personne est soupçonnée d'un crime, et qu'en conséquence de ces soupçons, je viens comme magistrat vous demander des renseignements, et si vous refusez de répondre à mes questions, j'exigerai votre serment.

— Lorsque nous étions à Antiburgher, du temps de Baillie Mac-Candlish, mon pauvre mari, dans des cas semblables, nous nous rendions à l'église; mais depuis qu'il a quitté ce monde, et que je demeure à Kippletringan, je vais trouver M. Mac-Grainer. Ainsi, monsieur, je ne puis prêter serment sans avoir consulté ce digne ministre, surtout contre un pauvre jeune homme étranger et sans amis.

— J'appaiserai vos scrupules, sans que vous alliez importuner M. Mac-Grainer, lorsque je vous apprendrai que l'homme sur lequel je vous questionne est le même que celui qui a blessé votre jeune ami Charles Hazlewood.

— Bon Dieu! qui aurait cru cela de lui? Non, si c'eût été pour dettes ou pour quelque dispute avec les douaniers, jamais la langue de Nelly Mac-Candlish ne lui eût porté le moindre tort. Mais si c'est lui qui a blessé le jeune Hazlewood.... Cependant je ne puis le croire, c'était un garçon si doux.... Non, non, M. Glossin, c'est encore un de vos tours.

— Puisque vous n'avez point de confiance en moi, mistress Mac-Candlish, regardez ces déclarations signées des personnes qui ont vu commettre le crime et jugez vous même si le signalement de ce scélérat n'est pas celui de votre hôte.

Il lui mit les papiers dans les mains. Elle les parcourut avec attention, ôtant souvent ses lunettes pour lever les yeux au ciel ou pour essuyer une larme, car elle avait une amitié particulière pour le jeune Hazlewood. — Puisque il en est ainsi, s'écria-t-elle lorsqu'elle eut fini son examen, je l'abandonne, le malheureux! Comme les physionomies sont trompeuses! Jamais je n'avais vu un air si doux, une figure si intéressante..... Je le croyais affecté de quelque chagrin. Blesser Charles Hazle-

wood.... et devant de jeunes demoiselles !
Je l'abandonne.

— Vous avouez donc qu'une telle personne a logé chez vous, la nuit qui a précédé cette action abominable.

— Eh ! oui, monsieur ; et toute la maison lui était attachée, tant il était aimable et jovial. Ce n'est pas pour les dépenses qu'il y fit, car il ne prit qu'une côtelette de mouton, une demi pinte de bière et un ou deux verres de vin. Je le priai de prendre le thé avec nous, et je ne le portai pas sur le compte: il ne soupa point, parce qu'il était fatigué, dit-il, pour avoir marché toute la nuit. Je crois maintenant que c'était pour faire quelque coup semblable.

— Pourriez-vous me dire son nom ?

— Hé, oui ; car il m'a dit qu'une vieille femme, une espèce de bohémienne viendrait le demander. — Dis moi qui tu fréquentes, je te dirai qui tu es. — Le coquin !... Eh bien ! Le lendemain il paya son compte fort honnêtement, il donna quelque chose la servante, car je ne donne rien à Grizy que deux paires de souliers par an et quelques étrennes.... Ici Glossin fut obligé de l'interrompre et de la ramener à la question.

— Il dit donc que, si cette personne venait demander M. Brown, on lui répondit qu'il avait été voir patiner au lac Creeran, et qu'il reviendrait pour dîner. Mais on ne l'a plus revu, quoique je l'attendisse avec tant de bonne foi, que j'avais préparé une fricassée de poulets : ce que je ne fais pas pour tout le monde, M. Glossin. Mais j'étais bien loin de penser à ce qu'il allait faire. Tirer sur M. Charles, sur cet innocent agneau !

M. Glossin en prudent juge instructeur, laissa le témoin exhaler sa bile et son indignation et lui demanda si la personne suspecte avait laissé chez elle quelques papiers et ses effets.

— Il m'a laissé un petit paquet et m'a donné quelque argent pour lui faire faire une demi-douzaine de chemises et Peg Pasley y a déja mis la main. Elles lui serviront pour aller à Lawn-market, le malheureux! — M. Glossin demanda à voir le paquet, mais la figure de l'hôtesse se refrogna.

Elle ne savait pas.... Elle ne voudrait pas arrêter le cours de la justice, dit-elle mais elle se croyait responsable de ce qui lui était confié. Elle ferait appeler le diacre Bearcliff, et si M. Glossin voulait dresser un inventaire de ce que le paquet contenait et lui en faire un reçu... ou mieux qu'on y apposât les scellés et qu'il fut remis au diacre Bearcliff, cela lui paraissait équitable.

Glossin n'ayant pu triompher de la méfiance et de la sagacité naturelle de mistress Mac-Candlish envoya chercher le diacre Bearcliff pour lui parler du scélérat qui avait blessé Charles Hazlewood. Le diacre se rendit à l'ordre du juge avec sa perruque de travers qui avait remplacé un bonnet de Kilmarnock avec lequel il attendait ses pratiques. Mistress Mac-Candlish produisit alors le paquet déposé par Brown, dans lequel on trouva la bourse de l'égyptienne. A la vue des objets précieux qu'elle contenait, mistress Mac-Candlish se félicita intérieurement de ses précautions et de sa méfiance envers Glossin; tandis que celui-ci avec un air de désintéressement et de candeur, fut le premier à proposer de les inventorier et de les déposer chez le diacre Bearcliff, jusqu'à ce qu'on pût les envoyer au ministère public. « Il ne voulait pas, dit-il, se rendre personnellement responsable d'objets d'une valeur considérable; et qui sans doute n'avaient été acquis que par les voies les plus criminelles. »

Il examina le papier qui enveloppa it la bourse : c'était une lettre déchirée dont il ne restait que l'adresse : *à V. Brown écuyer.* Aussi empressé de lui faire découvrir le coupable, qu'elle avait été disposée à le sauver, l'hôtesse pour qui les objets précieux contenus dans la bourse étaient de violents accusateurs contre Brown, se hâta de dire à Glossin que son palefrenier et son postillon avaient vu l'étranger sur la glace, le jour où Hazlewood fut blessé.

Une ancienne connaissance de nos lecteurs, Jock Jabos, fut averti le premier. Il avoua franchement qu'il avait rencontré sur la glace l'étranger qui avait logé aux Armes de Gordon, et qu'il avait conversé avec lui.

— Quel tour prit votre conversation ? dit Glossin.

— Quel tour ? nous ne fîmes aucun tour, car nous marchions tout droit sur la glace.

— Bon, mais de quoi vous entreteniez-vous ?

— Il me faisait diverses questions, comme le font les étrangers.

— Mais enfin sur quoi roulaient-elles ?

— Sur les patineurs, sur le vieux Jock Stevenson, sur les dames, et....

— Quelles étaient ces dames ?

— Ces dames ? C'étaient miss Julie Mannering et miss Lucy Bertram que vous connaissez bien vous-même, M. Glossin. Elles se promenaient sur le lac avec le jeune Lord d'Hazlewood.

— Que lui dites-vous sur ces dames ?

— Ma foi, je lui ai dit que l'une était miss Lucy Bertram d'Ellangowan, qui aurait dû hériter d'un grand bien dans le

pays, et l'autre miss Julie Mannering qu
était sur le point de se marier avec le jeune
Hazlewood. Je lui fis apercevoir qu'elle
lui donnait le bras. Nous parlions des bruits
qui couraient dans la contrée. C'était un
jeune homme fort jovial.

— Bien, et que vous répondit-il ?

— Il regardait attentivement ces dames,
il me demanda si c'était positif qu'il y eut
un mariage conclu entre miss Mannering
et le jeune Hazlewood. Je lui répondis que
rien n'était plus vrai, car mon cousin au
troisième degré, Jean Claverse (qui est
aussi un des vôtres, M. Glossin) qui se
trouve parent avec la femme de charge de
Woodbourne, m'a assuré plus d'une fois
que ce mariage aurait lieu.

— Et que vous dit l'étranger à tout cela ?

— Ce qu'il dit ? rien. Il continua de
regarder ces dames qui se promenaient sur
la glace, comme s'il eût voulu les manger,
et ses yeux restèrent fixés sur elles sans
qu'il dît une seule parole, quoique ce fût
le moment où les meilleurs patineurs se
disputaient le prix. Puis il se retourna,

sortit du lac du côté de l'église , se dirigea vers le bois de Woodbourne, et disparut à nos yeux.

— Quel mauvais cœur! s'écria mistress Mac-Candlish , quel mauvais cœur, de vouloir tuer ce brave jeune homme sous les yeux de celle qu'il doit épouser.

— Oh! mistress Mac-Candlish , dit Glossin , les annales de la justice nous offrent souvent de pareils crimes. Sans doute il voulait que la vengeance fût aussi terrible qu'éclatante.

— Que Dieu ait pitié de nous! dit le diacre Bearcliff ; nous sommes de chétives et misérables créatures , lorsqu'il nous abandonne à nous-mêmes!... Il avait donc oublié qu'il est écrit : « A moi seul appartient la vengeance. »

— Bon, messieurs, dit Jabos dont la franchise et le gros bon sens tombaient quelquefois sur le gibier tandis que les autres battaient le buisson ; il faut que vous vous trompiez tous , car je ne croirai jamais qu'un homme médite d'assassiner quelqu'un sans autres armes que celles qu'il arrachera à celui qu'il veut tuer. J'ai été quelque temps aide du garde-chasse et quoique je sois assez fluet, et bon seulement à enfourcher une selle et mettre mes jambes dans une paire de bottes, je défie l'homme le plus fort de l'Ecosse de m'ôter mon fusil avant que j'en aie logé la charge dans son estomac.... non, non, c'est ce que personne ne croira. Je gagerais mes meilleures bottes, et j'en ai une paire de neuves que j'ai achetées à la foire de Kirckudbright, que cet accident n'est que l'effet du hasard. Mais si vous n'avez plus rien à me dire, je vais donner à manger à mes chevaux, et il partit aussitôt.

Le palefrenier qui l'avait accompagné fit la même déclaration. Glossin lui demanda ainsi qu'à mistress Mac-Candlish, si Brown n'avait pas d'autres armes dans cette malheureuse matinée. — Aucunes, dirent-ils, excepté un simple couteau de chasse attaché à sa ceinture.

— Maintenant dit le diacre en prenant Glossin par le bouton de son habit, (car en réfléchissant sur cette affaire embrouillée, il avait oublié le rang où Glossin était parvenu), cela me paraît bien douteux, maître Gilbert, est-il probable qu'un homme désarmé attaque une personne armée d'un fusil ?

— Glossin se débarrassa doucement de la main du Diacre et comme il entrait dans ses vues de se ménager l'amitié de toutes sortes de gens, il éluda la discussion, en lui demandant le prix du sucre et du thé, dont il voulait faire sa provision pour un an. Il commanda à mistress Mac-Candlish, un dîner de cinq couverts pour le samedi suivant, et il donna une demi-couronne à Jock Jabos que le palefrenier avait envoyé pour lui tenir l'étrier.

— Eh bien ! dit le diacre à mistress Mac-Candlish, en acceptant un verre de bière à son bureau, le diable n'est pas si méchant qu'on le dit. N'est-il pas agréable de voir un gentilhomme s'occuper des affaires du pays comme M. Glossin ?

— Il est vrai, diacre, répondit l'hôtesse ; et je m'étonne que la noblesse laisse faire à un homme tel que lui, un travail qu'elle ne devrait pas négliger ; mais tant que l'argent monnoyé aura cours, on ne regardera pas à quel coin il est frappé.

— Je doute que Glossin gagne beaucoup à cela, madame, dit Jock en traversant la cuisine ; mais c'est toujours une bonne demi-couronne.

CHAPITRE II.

C'est un homme qui ne craint pas plus la mort qu'un profond sommeil ; se souciant peu du passé, tranquille sur le présent et ne redoutant pas l'avenir ; insensible à l'éternité, et croyant que la mort frappe également l'ame et le corps.

Mesure pour Mesure.

GLOSSIN dressa avec soin le procès-verbal de cette instruction. Elle ne jetait pas autant de jour sur cette affaire qu'il qu'il s'y attendait; mais elle sert du moins à informer le lecteur de ce qui est arrivé à Brown depuis que nous l'avons laissé sur la route de Kippletringan, jusqu'au moment où, poussé par une funeste jalousie, il se présenta si malheureusement devant Julie Mannering, et occasionna la querelle qui se termina d'une manière si fatale.

Glossin retourna à Ellangowan, réfléchissant à ce qu'il venait d'entendre et de plus en plus convaincu qu'une active et heureuse poursuite de cette affaire mystérieuse, était une trop bonne occasion de se mettre dans les bonnes grâces d'Hazlewood, pour être négligée. Peut-être aussi trouva-t-il sa réputation intéressée au succès d'une entreprise qui donnerait une grande idée de son intelligence. Ce fut donc avec joie qu'il apprit d'un de ses domestiques à son retour de Kippletringan, que Mac-Guffog, la terreur des vagabonds, avait, à l'aide de deux ou trois constables, arrêté un homme et que son honneur était attendue dans la cuisine.

Il descendit aussitôt de cheval, se hâta d'entrer dans la maison et dit: « Qu'on aille chercher de suite mon clerc; on le trouvera dans le petit salon vert, copiant le registre de mes biens. Placez près du bureau le grand fauteuil de cuir et avancez un tabouret pour M. Scrow. — Scrow, dit-il au clerc dès qu'il entra, prenez le livre de Sir Georges Mackenzie sur les crimes, ouvrez-le à la section *Vis Publica et Privata* et faites un pli au chapitre: Sur le port des armes défendues. Maintenant aidez-moi à me débarrasser de ma redingotte, suspendez-la dans ma chambre et qu'on amène le prisonnier. J'espère bien que ce sera lui... mais un instant.... faites venir Mac-Guffog. — Eh bien! Mac-Guffog, où avez-vous trouvé ce gibier ?

Mac-Guffog, drôle d'une taille gigantesque, ayant le cou d'un taureau, le visage bourgeonné, et l'œil gauche hideusement balafré, salua le juge, avant de commencer sa narration, par des signes de tête des clignemens d'yeux, des contorsions et des grimaces qui indiquaient entr'eux beaucoup d'intelligence et de familiarité.

— Votre honneur saura, dit-il, que j'arrive de ce cabaret dont votre honneur m'a parlé, qui est tenu par cette femme que votre honneur connait, au bord de la mer. Elle m'a dit : Que vous faut-il ? Venez-vous acheter quelque chose pour le château d'Ellangowan ? — Sans doute, lui ai-je dit, car vous savez que son honneur lui-même le lord d'Ellangowan a autrefois...

— Bon, bon ; tous ces détails sont inutiles, au fait.

— Je m'assis donc en marchandant de l'eau-de-vie ; et j'attendis qu'il arrivât.

— Qui ?

— Lui ! dit-il en montrant du doigt la cuisine où était gardé le prisonnier. Il était enveloppé dans son manteau, et ce n'était pas une proie facile à saisir. Je lui parlai de manière à lui faire croire que j'étais un homme de l'île de Man ; il le crut. Je me plaçai entre l'hôtesse et lui pour qu'elle ne le détrompât point. Nous bûmes ensemble, et je gageai qu'il ne boirait pas un quart de pinte de genièvre d'Hollande sans respirer ; il accepta la gageûre. Au moment où il buvait, Slounging Jock et Dick Spur'em entrèrent et nous fondîmes tous trois sur lui. Nous lui mîmes les menottes, et maintenant qu'il a dormi, il est frais comme une marguerite du mois de Mai, et en état de repondre à toutes les questions que lui fera votre honneur. Cette narration assaisonnée d'une infinité de gestes et de grimaces, reçut les remerciments et le prix qu'en attendait le narrateur.

— Avait-il des armes ? demanda le juge.

— Oui, oui ; vous savez qu'ils ne quittent jamais leurs sabres et leurs pistolets.

— Et des papiers ?

— Les voilà, dit-il, en lui remettant un porte-feuille crasseux.

— Descendez, Mac-Guffog et attendez mes ordres. Le constable quitta l'appartement.

On entendit un moment après le bruit des chaînes, et l'on introduisit un homme avec les fers aux pieds et aux mains. Il était robuste, bazané et vigoureux. Quoique ses rides et ses cheveux gris annonçassent un âge assez avancé, et que sa stature fût petite, peu d'hommes auraient voulu se mesurer avec lui. Ses traits durs et féroces étaient enluminés et ses yeux encore enflammés par l'excès de boisson qui avait facilité son arrestation. L'instant du repos, quoique bien court, que Mag-Guffog lui avait accordé, lui avait rendu l'entier usage de ses facultés. Le digne juge et son captif non moins estimable se regarderent quelque temps sans parler. Glossin reconnut apparemment son prisonnier, et éprouva de l'embarras à commencer son interrogatoire. Il rompit enfin le silence. — Eh bien! Capitaine, c'est donc vous ; il y avait long-temps que vous n'aviez pas abordé cette côte.

— Long-temps ? Assez long-temps, car du diable si l'on m'y a jamais vu.

— Cela ne peut pas passer, M. le capitaine.

— M. le juge, cela passera, sacrebleu !

— Et quel nom vous plaît-il de prendre maintenant, jusqu'à ce que vous soyez confronté avec des gens qui vous rafraîchiront la mémoire sur ce que vous êtes, ou du moins sur ce que vous avez été ?

— Qui suis-je ? Tonnerre et malédiction ! Je suis Jans Janson, de Cuxhaven. Qui voulez-vous que je sois ?

Glossin tira d'une armoire une paire de pistolets qu'il chargea avec affectation. Vous pouvez-vous retirer, Scrow, ainsi que ces gens, dit-il à son clerc et attendez mes ordres dans l'antichambre.

Le clerc voulut faire quelques observations sur le danger de rester seul avec un homme si déterminé, quoique ses fers fussent un obstacle à ses efforts ; mais Glossin le renvoya avec un geste d'impatience. Lorsqu'il eut quitté l'appartement, le juge se promena un instant, il plaça ensuite son fauteuil vis-à-vis le prisonnier, comme pour le mieux examiner, arma ses pistolets, et lui dit d'une voix ferme : « Vous êtes Dirk Hatteraick de Flessingue, le nierez-vous ?

Le prisonnier tourna ses yeux vers la porte, comme s'il appréhendait d'être entendu. Glossin se leva, ouvrit la porte, afin que de sa chaise le prisonnier fût convaincu qu'il n'était point espionné ; il la referma, reprit son siége, et répéta la question. — Vous êtes Dirk Hatteraick, capitaine de la Yungfrau Haagenslaapen, le nierez-vous ?

— Mille diables ! puisque vous le savez, pourquoi me le demandez-vous ?

— Parce que je suis surpris de vous rencontrer en des lieux dont vous devriez être bien éloigné, si vous songiez à votre sûreté.

— Diable ! celui qui me parle ainsi ne songe guères à la sienne.

— Quoi ? désarmé et dans les fers, capitaine, vous osez menacer ! croyez-vous que vous quitterez facilement le pays sans avoir rendu compte d'un petit événement arrivé, il y a quelques années, à la pointe de Warroch.

La figure d'Hatteraick se couvrit d'un sombre nuage.

— Quant à moi, continua Glossin; je ne désire aucun mal à une vieille connaissance comme vous, mais mon devoir exige que je vous envoie aujourd'hui à Édimbourg dans une chaise de poste à quatre chevaux.

— Mille tonnerres, vous ne me traiterez pas ainsi. Vous avez reçu la valeur de la moitié de notre cargaison, en billets sur Van-Beest et Van-Bruggen.

— Il y a si long-temps, capitaine, que j'ai vraiment oublié comment j'ai été récompensé de mes peines.

— De vos peines? dites de votre silence.

— J'étais alors dans les affaires et je m'en suis retiré depuis quelque temps.

— Oui, mais j'ai dans l'idée que vous pourriez bien reprendre ce commerce. Le diable m'emporte, si mon intention n'était pas de venir vous voir, pour vous parler de quelque chose qui vous intéresse.

— De l'enfant ? dit vivement Glossin.

— Ia, mein herr.

— Est-il mort ? vit-il encore ?

— Il vit comme vous et moi.

— Bon Dieu !.... mais dans les Indes ?

— Non, mille diables ! ici, sur votre maudite côte.

— Mais, Hatteraick, cela est-il bien vrai ?.... je ne puis le croire.... c'est notre ruine à tous les deux, car il doit se rappeler votre mauvaise affaire, et quant à moi, cela aurait les conséquences les plus funestes ; je vous le dis, capitaine, c'est notre ruine à tous les deux.

— Ce ne sera que la vôtre, car je suis déjà ruiné, et si je suis pendu, tout est fini.

— Qu'êtes-vous donc venu faire comme un insensé dans ces parages ?

— Quoi ? tout l'argent était parti, la maison menaçait ruine, je croyais d'ailleurs que notre aventure était oubliée.

— Attendez, que puis-je faire ? je n'ose pas vous absoudre, mais ne pourriez-vous pas vous échapper ?... oui.... un mot au lieutenant Brown, et je vous ferai passer avec vos gardes par le chemin de la côte.

— Non, non! impossible. Brown est mort, tué, enterré, au diable.

— Mort? tué? à Woodbourne, sans doute?

— Ia, mein herr.

Glossin s'arrêta, une sueur froide coulait de son front; il était tourmenté par mille inquiétudes, tandis que le brigand assis vis-à-vis de lui, mâchait tranquillement son tabac et crachait dans le feu. « Je suis ruiné, dit Glossin en lui-même, si l'héritier reparait.... Et quelles seront les suites de ma complicité avec ces bandits ?... Encore si j'avais le temps de prendre mes mesures. — Ecoutez, Hatteraick, je ne puis vous mettre en liberté, mais je veux vous assurer les moyens de vous échapper. J'aime toujours à secourir un ancien ami. Je vous ferai enfermer dans le vieux château et je donnerai à vos gardes double ration d'eau-de-vie. Mac-Guffog tombera dans le piège où vous vous êtes laissé prendre. Les barreaux des fenêtres de la chambre forte ne tiennent pas. Vous n'avez qu'un saut d'environ douze pieds à faire, et la terre est couverte de neige.

— Mais ceci, dit Hatteraick en regardant ses fers.

— Tenez, dit Glossin en tirant d'une armoire une petite lime, voici une bonne amie ; vous connaissez le petit escalier qui mène à la mer. Hatteraick dans l'excès de sa joie, agita ses fers et comme s'il était déjà libre, il étendit ses mains enchaînées vers son protecteur. Glossin mit un doigt sur ses lèvres en jetant un regard vers la porte. Il continua ses instructions. — Dès que vous serez libre, vous vous dirigerez vers Derneleugh.

— Tonnerre ! la mine est éventée.

— Diable ! Eh bien, prenez mon canot qui est attaché au rivage et partez. Mais attendez-moi à la pointe de Warroch, jusqu'à ce que je vienne vous y trouver.

— A la pointe de Warroch ? dit Hatteraick en pâlissant, dans la caverne, sans doute ? je préférerais vous attendre partout ailleurs. Cet endroit me répugne ; on dit qu'il y revient. Mais, mille bombes, je ne l'ai jamais craint vivant, je ne le craindrai pas mort. Que le diable m'emporte, il ne sera pas dit que Dirk Hatteraick a eu peur d'un revenant ou d'un diable. Je vous y attendrai donc.

— Oui, oui, dit Glossin, je vais appeler mes gens.

— Mac Guffog, je ne puis rien faire du Capitaine Janson, comme il s'appelle, et c'est maintenant trop tard pour le conduire dans la prison du comté ; n'y aurait-il pas une chambre forte dans le vieux château ?

— Oui, monsieur ; mon oncle le constable y a gardé une fois un homme pendant trois jours, du temps du vieil Ellangowan. Mais elle doit être pleine d'ordures, il y a quinze ans qu'elle n'a pas été balayée.

— Je sais tout cela, mais il n'y demeurera pas long-temps ; ce n'est que pour une nuit. Vous allumerez du feu
dans

dans la p tite chambre à côté ; je vous enverrai de quoi vous fortifier. Vous l'enfermerez bien, entendez-vous ? mais vous lui donnerez du feu, la saison est mauvaise. Peut-être il se justifiera demain.

Il envoya ces gens monter la garde au vieux château avec une bonne provision de mets et de liqueurs fortes, bien persuadé qu'ils ne passeraient pas la nuit à veiller ou à prier.

Quand à Glossin, il ne devait pas goûter un sommeil paisible. Tous les dangers de l'avenir, et toute la honte de sa vie passée se retraçaient à ses yeux sous des images effrayantes. Il se coucha cependant, et se retourna long-temps en vain sur son oreiller. Il s'endormit enfin. Alors des songes fatigants lui représentèrent son ancien patron : tantôt avec la pâleur de la mort, tel qu'il l'avait vu la dernière fois, tantôt avec tous les charmes et la vigueur de la jeunesse, prêt à le chasser de la demeure de ses pères. Il rêva ensuite qu'après avoir long-temps erré sur une côte déserte, il entra dans

dans une taverne d'où sortaient les éclats bruyants de la gaîté et de l'ivresse ; là le premier objet qui se présenta à lui fut Frank Kennedy tout couvert de sang, comme lorsqu'on le trouva gisant à la pointe de Warroch, mais tenant à la main un bol de punch enflammé. La scène changea tout-à-coup. Il se trouva dans une prison, où Dirk Hatteraick condamné à mort confessait ses crimes à un prêtre. « Après que nous l'eûmes assassiné, disait le pénitent, nous nous retirâmes dans une caverne voisine dont l'entrée n'était connue que d'un seul homme dans le pays ; nous délibérions sur le sort de l'enfant, et nous pensions à le donner à une égyptienne, lorsque nous entendîmes les cris de ceux qui nous poursuivaient. Un homme seul vint droit à notre caverne, c'était celui qui la connaissait. Nous le rendîmes notre ami, en lui sacrifiant la moitié de la valeur des marchandises que nous avions sauvées. Il nous engagea à emmener l'enfant en Hollande dans la chaloupe qui vint nous prendre la nuit suivante sur la côte. Cet homme était....

« Non, je le nie, ce n'etait pas moi! dit Glossin, et en s'agitant pour nier ce fait avec plus d'énergie, il s'éveilla.

Sa conscience bourrelée était la seule cause de cette fantasmagorie. La vérité est que connaissant mieux que les autres la retraite des contrebandiers, il avait été directement à la caverne, tandis qu'ils cherchaient dans d'autres directions. Il ignorait encore le meurtre de Kennedy qu'il croyait leur prisonnier et il venait s'offrir comme médiateur. Mais il les trouva frappés de terreur; leur rage étant assouvie, ils étaient tous, excepté Hatteraick, en proie aux remords et à l'épouvante. Glossin était pauvre et endetté, il possédait déjà la confiance de M. Bertram et connaissant son extrême facilité, il prévit qu'il aurait peu de peine à s'enrichir à ses dépens, pourvu que l'héritier mâle fût écarté; car alors les biens qui lui étaient substitués, revenaient à la disposition d'un père faible et prodigue. Stimulé par le gain qu'on lui offrait et l'espoir d'une grande fortune dans l'avenir, il accepta les dons des contrebandiers épouvantés, et les décida à emmener le fils de son bienfaiteur qui était assez âgé, leur dit-il, pour raconter la scène sanglante dont il avait été le témoin. Le seul palliatif que Glossin pût offrir à sa conscience, fut que la tentation était violente, qu'elle l'arrachait à la détresse, et lui traçait la route d'une grande fortune. D'ailleurs, il s'efforçait de se persuader qu'il n'avait pas été le maître de se conduire autrement. N'était-il pas au pouvoir des voleurs ? S'il avait refusé leurs propositions, le secours qu'il aurait appelé serait-il arrivé assez à temps pour l'arracher des mains de brigands pour qui un nouveau crime n'était rien ?

Déchiré par les remords cuisans d'une conscience coupable, Glossin se leva au milieu de la nuit et regarda par la fenêtre. Le paysage que nous avons décrit au commencement du premier volume, était couvert de neige, et la blancheur de la terre contrastait avec la teinte sombre et lugubre de la mer. Une campagne couverte de neige n'est pas sans beauté, mais l'idée du froid et de la stérilité qui l'accompagnent lui donne l'aspect de la solitude et de la désolation. Les objets qui nous sont familiers semblent ne plus exister, ou sont métamorphosés de manière que nous croyons être au milieu d'un pays inconnu. Mais ce n'étaient point de pareilles réflexions qui occupaient l'esprit de ce méchant homme. Ses yeux étaient fixés sur les ruines gigantesques du vieux château, et sur deux lumières qui brillaient dans une énorme tour. L'une sortait du cachot où Dirk Hatteraick était renfermé, l'autre de la chambre où se trouvaient ses gardes. « S'est-il échappé ? Y parviendra-t-il ? Ces hommes qui n'ont jamais veillé, veilleront-ils aujourd'hui pour accomplir ma ruine ? Si le jour le trouve encore ici, il faudra l'envoyer en prison ; Mac-Morlan ou tout autre instruira son procès, il sera convaincu.... condamné..... et pour se venger il déclarera tout.... »

Tandis que ces pénibles pensées se succédaient rapidement dans l'esprit de Glossin, il observa qu'une des lumières était obscurcie par un corps opaque placé à l'une des fenêtres. Quel moment de crainte et d'espérance! « Il a sans doute brisé ses fers.... il travaille à arracher les barreaux de la croisée.... ils sont enlevés, le passage est libre.... O ciel! ils sont tombés en dehors, j'en ai entendu le bruit sur les pierres! il ne peut manquer de les éveiller.... au diable l'imprévoyance du hollandais! La lumière reparaît encore, ils l'ont arraché de la fenêtre et garroté dans sa chambre.... Non, l'alarme que lui ont donnée les barreaux en tombant l'a fait retirer un instant. Le voilà de nouveau à la croisée.... la lumière est encore obscurcie... il est dehors! »

Un bruit sourd, comme celui d'un corps qui tombe d'une certaine élévation sur la neige, annonça que Hatteraick avait réussi à s'échapper, et bientôt après Glossin aperçut une figure noire comme une ombre qui se dessinait sur le rivage blanchi, et se dirigeait vers l'endroit où était le canot. Nouvelle crainte! « Seul, viendra-t-il à bout de la mettre à flot, dit Glossin en lui-même, il faut que j'aille au secours de ce misérable... Mais non, il est en mer, la voile est déployée, la brise se lève, qu'une tempête puisse l'engloutir ! » Ses yeux suivirent la barque qui se dirigeait vers la pointe de Warroch, jusqu'à ce que la voile se confondît avec les flots sur lesquels elle glissait. Satisfait de n'avoir plus à redouter un danger aussi imminent, il regagna son oreiller dans une situation d'esprit plus tranquille.

CHAPITRE III.

Pourquoi recules tu frappé par la terreur ?
Viens m'aider à sortir de ce séjour d'horreur.

Titus Andronicus.

Le lendemain matin les constables furent consternés et confus de la fuite de leur prisonnier. Mac-Guffog parut devant

Glossin la tête doublement troublée par l'eau-de-vie et la crainte, et reçut une sévère réprimande pour sa coupable négligence. Mais le ressentiment du juge ne parut suspendu que par le désir de recouvrer bientôt son prisonnier, les constables joyeux de se soustraire à sa colère, partirent, d'après les ordres de Glossin, pour aller à la recherche d'Hatteraick et se dispersèrent dans toutes les directions, excepté dans la bonne. Il leur recommanda surtout de fouiller avec soin le hameau de Derncleugh où des vagabonds de toute espèce avaient coutume de se retirer pendant la nuit. Après avoir ainsi dispersé sa milice, il se dirigea par des sentiers détournés dans le bois de Warroch pour se rendre à l'entrevue qu'il avait indiquée à Hatteraick, dont il espérait tirer plus d'éclaircissements que la veille, sur les circonstances du retour de l'héritier d'Ellangowan dans son pays natal.

Imitant les manœuvres du renard qui fait mille circuits pour dérouter ses ennemis, Glossin s'approchait du rendez-vous par plusieurs détours pour ne laisser aucune trace de son passage. « Plût-à-Dieu, disait-il qu'il tombât assez de neige pour couvrir les marques de mes pas ; si quelque constable venait à les rencontrer, il me suivrait à la piste, et nous surprendrait tous les deux. Je vais gagner la côte, et tâcher de descendre entre les rochers. »

Il se laissa glisser, non sans difficulté à travers les rocs, et marcha entre la côte escarpée et la marée montante, tantôt regardant au-dessus de lui pour voir si ses mouvements n'étaient pas observés d'en haut, tantôt jetant un regard inquiet sur la mer, de peur d'être aperçu par quelque bateau.

Ses sentiments de crainte personnelle furent un moment suspendus, lorsqu'il arriva au lieu où le cadavre de Kennedy avait été trouvé. Le fragment de rocher qui était tombé avec le corps, ou qui avait été précipité sur lui, en marquait la place. Il était maintenant couvert de petits coquillages et d'herbes marines ; mais sa substance et sa couleur le distinguaient des rocs qui l'environnaient. On pense bien que ce lieu n'avait jamais été le but des promenades de Glossin ; c'était donc pour la première fois qu'il le revoyait depuis la terrible catastrophe, et elle se présenta aussitôt à son esprit avec tous ses hideux souvenirs. Il se rappela comment, semblable à un coupable, il s'était glissé hors de la caverne et s'était hâté de se mêler, quoique avec précaution, au groupe épouvanté qui environnait la victime. Il se rappella aussi que sa conscience alarmée ne lui permit pas de jeter un seul regard sur cet affreux spectacle. Ces cris lamentables de son patron : « Mon fils ! mon fils » retentissaient encore à ses oreilles. « Grand Dieu ! s'écria-t-il, tout ce que j'ai gagné peut-il se comparer aux angoisses que je souffre en ce moment et aux inquiétudes mortelles qui ont empoisonné mes jours depuis cette funeste époque ! Que ne suis-je à la place de cet infortuné ! que je voudrais qu'il fût plein de vie et de santé.... Regrets tardifs et superflus ! »

Il étouffa donc ses remords et s'avança vers la caverne qui était si près du lieu où

le cadavre fut trouvé, que les brigands
avaient pu entendre les diverses conjectures qu'on faisait sur le sort de leur victime. L'entrée en était on ne peut mieux
cachée; presque aussi étroite que celle du
terrier d'un renard, elle se trouvait placée
derrière un bloc de pierre qui la dérobait
aux yeux des étrangers, et la faisait reconnaître à ceux dont elle était l'asile. L'es-
pace resserré qui séparait l'ouverture de
la pierre était rempli de sable et de
gravier, de manière que les recherches
les plus minutieuses n'auraient pu la faire
découvrir, à moins d'enlever les herbes
apportées par la marée. Chaque fois que
les contrebandiers s'y réfugiaient, ils en
encombraient l'entrée et Dirk Hatteraick
n'avait pas oublié cette précaution.

 Glossin quoique très-hardi, sentit son
cœur palpiter et ses genoux trembler,
lorsqu'il se prépara à entrer dans ce repaire d'iniquité, pour avoir un entretien
avec un scélérat des plus déterminés. «
Mais, se dit-il, il n'a aucun intérêt à me
faire du mal, » et cette idée le rassura.

Il examina ses pistolets de poche, et déblayant l'entrée de la caverne, il s'y introduisit en se traînant sur les mains et sur les genoux. L'ouverture d'abord très-étroite ne laissait passer qu'un seul homme couché sur le ventre ; elle s'aggrandissait bientôt et devenait une voûte d'une hauteur considérable. Le sol couvert du sable le plus fin montait insensiblement. Avant que Glossin se fût dressé sur ses pieds, la voix rauque d'Hatteraick fit retentir les échos de la caverne.

— Grêle et tonnerre ! est-ce toi ?

— Vous êtes donc dans l'obscurité ?

— Sans doute. Où diable aurais-je pris de la lumière ?

— J'en ai apporté. Glossin battit aussitôt le briquet et alluma une petite lanterne.

— Vous feriez bien d'allumer aussi du feu, car le diable m'emporte, si je ne suis pas tout gelé.

— Il est vrai que cet endroit est assez froid, dit Glossin en ramassant des débris de barriques et de pièces de bois qui

qui étaient peut-être là depuis la dernière fois qu'Hatteraick y était venu.

— Froid ? mille bombes ! on ne peut y tenir, à peine pouvais-je m'empêcher de mourir me promenant de long en large sous cette exécrable voûte, surtout en pensant aux bamboches que nous y avons faites.

La flamme commençait à briller. Hatteraick en approcha son visage bazané et ses mains dures et ridées, avec l'avidité d'un homme affamé à qui l'on présente de la nourriture. La clarté donnait à ses traits farouches une teinte rougeâtre et terrible. La fumée, que le grand froid qu'il avait éprouvé lui faisait supporter jusqu'à en être suffoqué, roulait en tourbillons autour de sa tête, et s'échappait par les fentes et les crevasses, qui servaient sans doute à renouveller l'air de la caverne, lorsque la marée y pénétrait, l'ouverture étant alors au dessous de l'eau.

— Je vous ai apporté de quoi déjeûner, dit Glossin en lui offrant de la viande froide et une bouteille d'eau-de-vie. Hatteraick la saisit, la porte avidement à sa bouche, et après en avoir bu copieusement, il s'écrie : Voilà qui est excellent, ça vous restaure et vous réchauffe, et il se met à chanter ce refrain d'une chanson allemande :

>Buvons le vin jusqu'à la lie,
>Buvons la bière et l'eau-de-vie,
>Brisons bouteilles et flacons,
>Nous sommes tous d'heureux fripons.

— Bien dit, capitaine, et prenant le ton d'un débauché, il chanta :

>Nous sommes trois sans-souci ;
>Qui bientôt aurions tari
>De vin la rivière pleine,
>Qui sans peur, comme sans gêne,
>Bravons le triple élément.
>Tu brilles sur un corsaire,
>Je suis fin voleur sur terre ;
>Et l'ami Jack hardiment
>Escalade la potence.
>Allons, faisons tous bombance.

C'est cela, camarade ; êtes-vous remis

maintenant ? Voyons, parlons de nos affaires.

— De *vos* affaires, s'il vous plaît, dit Hatteraick ? Les miennes sont terminées depuis que je me suis échappé de la prison.

— Un instant de patience, mon ami, je vais vous montrer que nos intérêts sont les mêmes.

Hatteraick fit entendre une toux sèche; et Glossin après une courte pause, continua :

— Comment avez-vous laissé échapper l'enfant ?

— Comment ? mille malédictions ! il n'était pas sous ma surveillance. Le lieutenant Brown le donna à son cousin qui était employé dans la maison Van-bruggen à Middelbourg; il lui dit, je crois, qu'on l'avait pris dans une escarmouche avec les requins de terre ; il le lui donn pour en faire son jockey. Moi le laisse échapper ?

— Bon, et en a-t-on fait un laquais ?

— *Nein, nein*, le vieux Van-beest le

prit en amitié, lui donna son nom, l'instruisit dans le commerce et l'envoya aux Indes. Je crois qu'il l'aurait renvoyé ici, mais son neveu lui dit que s'il revenait en Ecosse, il porterait tort à notre trafic.

— Croyez-vous qu'il se rappelle son origine?

— Diable? pourrais-je vous dire s'il s'en souvient maintenant? Mais il s'en est souvenu pendant long-temps. Il n'avait que dix ans, qu'il persuada à un autre bâtard anglais, fils de Satan comme lui, de s'emparer de la chaloupe de mon lougre pour retourner dans son pays. Ils étaient déjà bien loin avant que je pusses les rattrapper, la chaloupe manqua couler bas.

— Plût-au-Ciel qu'elle se fût engloutie avec lui!

— J'étais si en colère, sacrebleu! que d'un coup de poing je le fis sauter par-dessus le bord; mais le petit diable nageait comme un canard. Je le laissai barboter pendant un mille, et quand je le repris, il chantait. Par Saint-Nicolas. il vous ruinera, maintenant qu'il est revenu sur l'eau ; c'était un petit tonnerre.

— Comment est-il revenu des Indes ?

— Le sais-je, moi ? La maison a fait naufrage, et cela nous a donné une fière secousse à Middelbourg. C'est ce qui m'a fait revenir sur cette côte pour revoir mes anciennes connaissances ; car je croyais que nos vieilles histoires étaien oubliées. Nous avions une belle cargaison, mais cet étourdi de Brown nous a désorientés en se faisant tuer par le colonel.

— Pourquoi n'étiez-vous pas avec eux ?

— Sarpebleu ! je ne crains rien ; mais c'était trop avant dans les terres et je pouvais être attaqué.

— C'est juste. Mais pour en revenir au jeune homme....

— Oui, oui, mille bombes ! c'est-là votre affaire.

— Comment avez-vous appris qu'il était dans le pays ?

— C'est Gabriel qui l'a vu dans les montagnes.

— Quel est ce Gabriel ?

— Cet égyptien qui, par ordre d'Ellangowan, fut mis à bord de la corvette de cet enragé Pritchard, il y a dix-huit ans. C'est lui qui vint nous avertir que, graces à Kennedy, le Shark nous allait donner la chasse. Il y avait alors quelque querelle entre Kennedy et les égyptiens. Il fit le voyage des Indes orientales dans le même vaisseau que votre jeune homme, et, sarpejeu, il le reconnut bien, quoiqu'il n'en fût pas reconnu. Gab s'était caché à lui parcequ'il avait servi les Etats-Généraux contre l'Angleterre. Il m'a fait prévenir qu'il était dans ces environs, mais je m'en moque.

— Ainsi, Hatteraick, entre nous, il est donc bien vrai qu'il est dans ce pays ?

— *Ia*, tonnerre et tempête ! pour qui me prenez-vous ?

— Pour un homme de sang, un scélérat, pensa intérieurement Glossin. Et quel est celui de vos gens qui a blessé le jeune Hazlewood, dit-il à haute voix.

— Milliards de tempêtes ! nous croyez-vous insensés ? Ce n'est aucun de nous. N'était-ce pas assez du coup qu'a porté à notre commerce la malheureuse affaire de Brown ?

— Cependant on m'a dit que c'était Brown qui avait blessé le jeune Hazlewood.

— Ce n'est pas notre lieutenant, je vous le promets ; car il était à six pieds sous terre à Derncleugh, la veille de cet événement. Mille diables ! croyez-vous qu'il ressuscite pour aller assassiner un homme ?

Un trait de lumière vint éclairer les idées embrouillées de Glossin. — Ne dites vous pas que le jeune homme porte aussi le nom de Brown ?

— De Brown ? *Ia*, Van-beest Brown, le vieux Van-beest Brown, de notre maison de Van-beest et Van-bruggen ; lui a donné son nom.

— Alors, dit Glossin en se frottant les mains, c'est lui qui a commis le crime.

— Et que m'importe, dit Hatteraick.

Glossin réfléchit un moment et fertile

en expédients, il dressa aussitôt un plan dans son esprit et s'approchant du contrebandier : — Vous savez, mon cher Hatteraick, que notre principale affaire est de nous débarrasser de ce jeune homme.

— Hem ! dit Hatteraick.

— Ce n'est pas que je veuille lui faire du mal, si... si... si nous pouvons nous en débarrasser sans cela. Mais il peut être mis sous la main de la justice, soit pour porter le même nom que votre lieutenant qui commandait à l'affaire de Woodbourne, soit pour avoir fait feu sur le jeune Hazlewood dans l'intention de le tuer ou de le blesser.

— Oui, oui ; mais le voilà en pleine liberté, dès qu'il aura hissé son pavillon.

— C'est vrai, mon cher Dirk ; c'est justement raisonner, mon ami Hatteraick. Mais nous pouvons le garder en prison jusqu'à ce qu'il produise des preuves qu'il ne pourra faire venir que d'Angleterre ou même de plus loin. Je connais les lois, mon cher capitaine, et je prendrai sur moi, Gilbert Glossin d'Ellangowan, juge de paix du comté, de refuser la caution qu'il présentera, quand ce serait la meilleure du pays, jusqu'après un plus ample informé. Maintenant, où croyez-vous que je vais le faire incarcérer ?

— Grêle et tempête ! que m'importe ?

— Pardonnez-moi, mon ami, cela vous importe beaucoup. Savez-vous que vos marchandises qui ont été saisies et portées à Woodbourne sont maintenant dans la douane à Portanferry ? (petite ville où l'on pêche beaucoup de poisson) C'est là où j'enfermerai ce jeune homme.

— Lorsque vous l'aurez pris.

— Ce qui ne sera pas bien long. Je le ferai renfermer dans la maison de force, dans le Bridewell que vous connaissez et et qui touche à la douane.

— Et oui, parbleu ! je le connais.

— J'aurai soin que les habits rouges soient dispersés dans le pays. Vous débarquerez la nuit avec l'équipage de votre lougre, vous reprendrez vos marchandises et conduirez le jeune Brown à Flessingue; n'est-ce pas ?

— Oui, ou... en Amérique ?

— Oui, oui, mon ami.

— Ou... à Jéricho ?

— Bah ! partout où vous voudrez.

— Oui, ou par-dessus le bord ?

— Oh ! je ne vous demande pas de violence.

— Mais vous m'en laisseriez user. Mille tempêtes ! je vous connais de longue date ; mais que gagnerai-je à cela, moi, Dirk Hatteraick ?

— N'est-ce pas votre intérêt comme le mien ? D'ailleurs vous me devez la liberté ce matin.

— Je vous dois la liberté ? mille diables, c'est à moi que je la dois. D'ailleurs il y a si long-temps... ha, ha, ha !

— Bah, bah ! ce n'est pas le moment de plaisanter. Je ne veux pas vous faire un compliment, mais c'est votre affaire comme la mienne.

— Que parlez-vous de mon affaire ? N'est-ce pas vous qui retenez les biens du jeune homme ? Dirk Hatteraick n'a jamais touché un denier de ses revenus.

— Allons, mon ami, je veux dire que nous serons associés.

— Quoi ! vous me donnez la moitié des biens ?

— Et oui, la moitié des biens, c'est la baronie d'Ellangowan que vous voudriez partager avec moi, et en faire valoir les terres, n'est-ce pas ?

— Non, mille tonnerres ! mais vous pourriez me donner la moitié de la valeur, en argent. Vivre avec vous ? *nein*. J'aurais une maison de plaisance à Middelbourg, et un beau jardin comme un bourgmestre.

— Oui, avec un lion de bois, d'un côté de la porte, et de l'autre une sentinelle peinte la pipe à la bouche. Mais, Dirk Hatteraick, que vous serviront vos maisons de plaisance, vos tulipes, et vos parterres en Hollande, si vous êtes pendu en Ecosse ?

Hatteraick pâlit. — Diable ! pendu ?

— Oui, pendu ! *mein herr*, capitaine. Le diable ne sauverait pas Dirk Hatteraick de la corde, si le jeune Ellangowan demeurait en ce pays et si le brave capitaine veut continuer son commerce. Et j'ajouterai que, comme on parle beaucoup de paix, il ne serait pas extraordinaire que Leurs Hautes Puissances, pour obliger leurs nouveaux alliés, ne le livrassent pieds et poings liés, quand il se serait fixé dans son pays.

— Grêle et malédiction ! je... je crois que vous dites vrai.

— Ce n'est pas, dit Glossin, en profitant de l'impression qu'il venait de faire sur l'esprit d'Hatteraick, ce n'est pas que je refuse de faire une politesse ; et il glissa dans sa main un billet de banque assez considérable.

— Est-ce là tout ? dit le contrebandier ; vous avez reçu la moitié de notre cargaison pour prix de votre silence.

— Mais, mon bon ami, vous oubliez que vous recouvrerez toutes vos marchandises.

— Oui, au risque de nous faire couper la gorge ; nous pourrions bien le faire sans vous.

J'en

— J'en doute, capitaine; car sans moi vous trouveriez une compagnie d'habits rouges à la douane. Allons, allons, je serai aussi libéral que je le pourrai; mais vous aurez une conscience.

— Que le diable m'étrangle! cela m'irrite plus que tout le reste. Vous, voleur et assassin, vous qui méditez un nouveau meurtre, et qui voulez me charger de ce crime, vous osez me parler de conscience! N'y a-t-il pas un moyen plus honnête de vous débarrasser de ce pauvre jeune homme?

— *Nein, mein herr*; mais comme je le confie à votre charge....

— A ma charge... à une charge de plomb et de poudre. Eh bien s'il le faut, il le faut.... et vous devez savoir ce que j'en ferai.

— Oh! mon ami, j'espère qu'un tel degré de sévérité ne sera pas nécessaire.

— Sévérité, dit le scélérat en poussant un long soupir; je voudrais que vous eussiez eu les rêves qui m'ont tourmenté cette nuit, dans ce repaire de loups, lorsque j'ai voulu dormir sur ces feuilles sèches. D'abord j'ai vu Kennedy, tout sanglant, les membres fracassés, comme le jour où je précipitai sur lui ce gros rocher; vous auriez juré qu'il était là.... là où vous êtes, se débattant comme une grenouille écorchée, et puis....

— Que diable signifie tout cela ? si vous êtes devenu une poule mouillée, tout est perdu; tout est perdu pour nous deux.

— Poule mouillée ? non. Je n'ai pas vécu si long-temps pour avoir peur de qui que ce soit, homme ou diable.

— Buvez donc un autre coup, vous avez encore froid. Dites-moi maintenant s'il vous reste quelqu'un de vos anciens compagnons.

— *Nein*, tous morts, pendus, noyés, damnés. Brown était le dernier; il n'y a plus que l'égyptien Gab, et moyennant quelque peu d'argent, il quitterait facilement le pays. Mais il n'y a rien à craindre; son propre intérêt le force à se taire, et s'il voulait parler, sa vieille tante Meg saurait lui fermer la bouche.

— Quelle Meg ?

— Meg Merrilies, la vieille sorcière, la bohémienne, la fille de Satan.

— Elle vit encore ?

— *Ie*.

— Et dans ces contrées ?

— *Ja , mein herr*. Elle se trouvait à Derncleugh avec deux de mes gens et quelques égyptiens , lorsque Van-beest Brown est parti pour l'autre monde.

— C'est une autre tête fêlée, capitaine. Ne craignez-vous pas qu'elle parle ?

— Jamais. Elle a juré que si on ne faisait pas de mal à l'enfant, elle ne parlerait jamais du saut du douanier. Quoique dans la chaleur de l'action, je lui aie fait une entaille au bras avec mon sabre, et quoiqu'elle ait été bien tourmentée pour cela , elle n'a jamais rien dit. Diable ! la vieille Meg est aussi sûre qu'une balle forcée.

— Cela est vrai, comme vous le dites. Cependant si on pouvait l'emmener en Zélande , à Hambourg , ou.... ou...

ailleurs.... vous savez.... cela seraitplus sûr.

Hatteraick se leva avec impétuosité, et toisant Glossin d'un air terrible. — Vous n'avez pas les pieds fourchus, et cependant il faut que vous soyez le diable en personne. Mais Meg Merrilies est mieux avec Satan que vous; je n'ai jamais essuyé autant de tempêtes que depuis que j'ai fait couler son sang. *Nein, nein*, je ne veux rien avoir à démêler avec elle. C'est une véritable sorcière, une diablesse incarnée, avec qui il n'y a rien de bon à gagner, tonnerre et tempête! mais ce sont ses affaires. Quant à l'autre, si le commerce n'en souffre aucun tort, je vous en débarrasserai. Vous m'avertirez seulement, quand vous aurez mis l'embargo sur le jeune homme.

Les deux dignes associés concertèrent leurs opérations et convinrent des signaux que Glossin emploierait pour correspondre avec Hatteraick, le lougre pouvant séjourner sans danger sur la côte, parce qu'il ne s'y trouvait aucun vaisseau de l'état.

CHAPITRE IV.

Vous êtes de ces gens qui refuseraient de servir Dieu, si le diable le leur ordonnait. Quoi! parceque nous venons vous rendre service, nous sommes des brigands ?

Othello.

Parmi les lettres qu'on remit à Glossin à son retour chez lui, il en trouva une d'une grande importance. Elle était de M. Protocole, procureur à Edimbourg et lui était adressée comme à l'agent de feu M. Godfroy d'Ellangowan et de ses héritiers. Il lui annonçait la mort subite de mistress Marguerite Bertram de Singleside et le priait d'en informer ses clients, pour qu'ils envoyassent, s'ils le croyaient nécessaire, une personne chargée d'assister à l'ouverture du testament. Glossin comprit par cette lettre que celui qui l'écrivait ignorait la rupture qui avait eu lieu entre lui et son patron. Les biens de la défunte appartenaient de droit à miss Lucy Bertram, mais il y avait mille à parier contre un, que les caprices de la vieille dame en avaient autrement disposé. Après avoir long-temps cherché dans son esprit fécond en expédients l'usage qu'il pourrait faire de cette lettre, il n'y découvrit d'autre utilité que de la faire servir à la réputation de probité qu'il voulait acquérir. « Il faut, pensait-il, que je me place sur un terrain solide, et si les projets concertés avec Hatteraick viennent à échouer, que j'aie au moins quelques préjugés en ma faveur pour me justifier. » D'ailleurs, pour rendre justice à Glossin, il éprouvait quelque désir de dédommager bien faiblement miss Bertram des malheurs infinis qu'il avait causés à sa famille, dans une occasion surtout où leurs intérêts n'étaient pas opposés. Il se décida donc à se rendre le lendemain matin à Woodbourne.

Ce ne fut pas sans hésiter long-temps qu'il se détermina à cette démarche; la répugnance qui l'éloignait du colonel Mannering était celle qu'éprouvent la fraude et la bassesse devant l'honneur et la probité.

Mais il avait beaucoup de confiance en son savoir faire. Il n'était pas sans talents et possédait des connaissances plus étendues que la plupart des gens de sa profession. Il avait à diverses époques demeuré long-temps en Angleterre, et ses manières aisées ne se ressentaient pas plus de la rusticité écossaise que de la pédanterie de son état. Il joignait à beaucoup d'adresse et à un grand art de persuader, une grande effronterie qu'il savait déguiser sous un air de simplicité et de bonhommie. Plein de confiance en lui-même, il se présenta à Woodbourne sur les dix heures du matin, et fut admis comme un gentilhomme qui demandait à parler à miss Bertram.

Il ne déclina son nom que lorsqu'il fut à la porte du salon à manger ; là le domestique l'annonça, selon sa demande, en disant : « M. Glossin désire parler à miss Bertram. » Lucy se rappelant les derniers moments de son père devint pâle comme la mort, et fut sur le point de s'évanouir. Julie Mannering s'empressa de la secourir, et elles sortirent ensemble de l'appartement. Il n'y resta que le colonel Mannering, Charles Hazlewood avec son bras en écharpe, et Dominie dont les yeux prirent un aspect hostile en reconnaissant Glossin.

L'honnête gentilhomme, quoique un peu étourdi de l'effet de sa présence, s'avança avec assurance, en disant qu'il espérait que son arrivée n'avait point dérangé ces dames. Le colonel Mannering lui répondit qu'il ne savait à quoi attribuer l'honneur de la visite de M. Glossin. — J'ai pris la liberté, colonel, de me présenter chez vous, pour parler à miss Bertram d'une affaire qui l'intéresse.

—. Vous pourriez la communiquer à M. Mac-Morlan, son homme d'affaires ; cela serait plus agréable à miss Lucy.

— Je vous demande pardon, colonel Mannering ; vous êtes un homme du monde, et vous savez que dans certaines circonstances, il vaut souvent mieux que les parties intéressées traitent entr'elles.

— Eh bien, si M. Glossin veut prendre la peine de faire connaître par une lettre à miss Bertram, l'affaire dont il est question, je lui promets qu'elle lui accordera la plus grande attention.

— Je le crois, mais il y a certains cas où une conférence de vive voix.... j'entends.... j'aperçois que le colonel est sous l'influence de quelques préventions qui lui rendent ma visite désagréable. Mais n'importe, je me soumets à la justesse de son jugement, soit qu'il me congédie sans connaître le sujet de ma visite, soit qu'il sache de quelle importance elle est pour la jeune Lady qu'il honore de sa protection.

— Ce n'est pas là mon intention, monsieur. Je vais prendre les ordres de miss Bertram à ce sujet, et je prie M. Glossin d'attendre un moment sa réponse. En parlant ainsi, il sortit du salon.

Glossin demeura debout au milieu de l'appartement, le colonel l'ayant reçu dans cette position, sans l'inviter à s'asseoir. Après sa sortie, Glossin prit une chaise et s'y assit avec une contenance mêlée d'embarras et d'effronterie. Le silence de la société l'humiliait, il prit la parole.

— Il fait un beau jour, M. Sampson.

Dominie répondit par un signe de tête et par un murmure sourd d'indignation.

— Vous ne venez jamais voir vos vieilles connaissances d'Ellangowan, M. Sampson; vous y trouveriez la plupart des anciens fermiers. J'ai trop de respect pour la famille des Bertram pour les renvoyer, même sous prétexte d'amélioration. D'ailleurs ce n'est pas ma manière de voir; je n'aime pas cela, car l'Ecriture condamne particulièrement ceux qui oppriment le pauvre, enlèvent les bornes des champs....

— Et dévorent la substance des orphelins, ajouta Dominie. *Anathema, Maranatha!* Il dit et se levant, il chargea son épaule d'un lourd in-folio qu'il parcourait, fit un demi-tour à droite, et sortit de la chambre en vrai grenadier.

M. Glossin sans être déconcerté, ou jugeant qu'il était nécessaire de ne pas le paraître, se tourna vers le jeune homme qui était occupé à lire un journal. « Quelles nouvelles, monsieur ? » Hazlewood leva les yeux sur lui, lui poussa la gazette, comme à un étranger dans un café, se leva et se disposa à sortir. « Je vous demande pardon, M. Hazlewood, mais je ne puis m'empêcher de vous témoigner ma joie de vous voir sitôt rétabli de cet accident infernal. » Une légère et froide inclination fut toute la réponse qu'il obtint : elle encouragea cependant notre homme de loi à continuer. — Soyez bien persuadé que peu de personnes ont pris un aussi vif intérêt que moi dans cette affaire, tant pour le bien du pays que pour le respect que je porte à votre illustre famille, qui y tient le premier rang. M. Featherhead devient vieux, il ne siégera pas long-temps au conseil des Cent, et vous devriez prendre vos mesures pour vous faire élire. Je vous parle en ami, M. Hazlewood, et comme quelqu'un qui connait la marche de ces affaires ; vous pouvez disposer de moi.

— Je vous demande pardon, monsieur, mais je n'ai pas de vues dans lesquelles votre secours puisse m'être utile.

— Fort bien ! peut-être avez-vous raison ; le temps ne presse pas, j'aime la prudence dans un jeune homme. Mais je vous parlais de votre blessure. J'ai quelques données sur cette affaire, et si j'en attrappe l'auteur, je le poursuivrai avec..

— Monsieur, je vous demande pardon encore une fois ; mais votre zèle va au delà de mes désirs. J'ai toutes les raisons de croire que ma blessure n'est qu'un accident sans préméditation. S'il s'agissait de trahison, de perfidie et d'abus de confiance, vous me verriez partager votre ressentiment.

Encore une rebuffade, pensa Glossin, il faut détourner la conversation sur un autre chapitre. — Vous parlez noblement, monsieur ; je n'aurais pas plus de compassion pour un ingrat que pour une bécasse. A propos de chasse (c'était un moyen particulier de changer d'entretien que Glossin avait appris de son ancien patron) je vous vois souvent avec un fusil, et j'espère que vous serez bientôt en état de chasser. J'ai observé que vous ne vous
écartez

écartez pas du domaine d'Hazlewood ; cependant vous ne vous ferez pas un scrupule de suivre votre gibier sur les terres d'Ellangowan ; elles sont, je crois, plus abondantes en bécasses, quoique l'on en trouve beaucoup dans toutes les deux.

Cette invitation ne lui valut qu'un salut froid et contraint, et Glossin fut obligé de laisser tomber la conversation, lorsque l'arrivée de Mannering le tira d'embarras.

— Je crains de vous avoir fait attendre, monsieur, dit-il en s'adressant à Glossin, je tâchais de décider miss Bertram à vous voir, sa répugnance devant céder, selon mon avis, à la nécessité d'apprendre de vous des choses importances. Mais des circonstances récentes et difficiles à oublier ont mis un obstacle si insurmontable à une entrevue entre M. Glossin et miss Bertram, que ce serait une cruauté d'insister davantage. Elle m'a chargé d'apprendre de lui tout ce qu'il peut avoir à lui communiquer.

— Hem ! hem ! je suis fâché, monsieur...

Je suis on ne peut plus fâché que miss Bertram puisse croire... en un mot, qu'elle ait l'idée que quelque chose de ma part...

— Monsieur, où il n'y a pas d'accusation, les excuses ou les explications sont inutiles. Auriez-vous quelque répugnance à me faire part, comme au tuteur temporaire de miss Lucy, des affaires que vous croyez l'intéresser.

— Aucune, colonel Mannering; elle ne pouvait choisir un ami plus respectable, ni une personne avec laquelle il me fût plus agréable de communiquer.

— Ayez la bonté d'en venir au fait, monsieur, s'il vous plaît.

— Ah! monsieur, ce n'est pas si aisé... mais M. Hazlewood n'a pas besoin de quitter l'appartement. Je m'intéresse si vivement au bonheur de miss Bertram, que je voudrais que tout le monde entendit ce que j'ai à lui dire.

— Mon ami M. Charles Hazlewood se soucie peu d'écouter ce qui ne le regarde pas. Et maintenant que nous sommes seuls, je vous prie de m'expliquer en peu de mots ce que vous avez à me dire. Je suis militaire, monsieur, et je n'aime ni les longs préambules ni les formalités. En parlant ainsi, il tira une chaise à lui, et s'assit pour entendre la communication de Glossin.

— Ayez la bonté de parcourir cette lettre.

Le colonel la lut, et après avoir noté sur son agenda le nom de celui qui l'avait écrite, il répondit : Il me semble, monsieur, que cette affaire ne demande pas une grande discussion, je veillerai aux intérêts de miss Bertram.

— Mais, monsieur... mais, colonel Mannering, il s'agit d'une autre chose que je puis seul expliquer. Cette dame, cette mistress Marguerite Bertram avait fait dans le temps un testament en faveur de miss Lucy qu'elle instituait sa légataire universelle, pendant qu'elle vivait à Ellangowan, avec mon vieil ami M. Bertram. Dominie (c'était le nom que donnait feu mon ami au respectable M. Sampson) et moi, nous l'avons signé comme témoins. Elle avait la faculté de disposer des biens de Singleside, quoique sa sœur aînée en eût la jouissance pendant sa vie. C'était un singulier original que le vieux Singleside ; par ce moyen il animait ses deux filles l'une contre l'autre comme deux chattes enragées, ha, ha!

— Fort bien, monsieur, venons au but. Vous dites que cette dame avait le pouvoir de disposer de ses biens en faveur de miss Bertram et qu'elle l'a fait.

— Oui, colonel; je connais assez les lois ; je les ai étudiées pendant maintes années et quoique je me sois retiré des affaires pour jouir de quelque aisance je m'occupe toujours de la jurisprudence qui vaut mieux que toutes les terres et les maisons et comme le dit un vieux proverbe.

Un légiste prudent, clairvoyant, assidu,
Sait faire retrouver le bien qu'on a perdu.

Non, non, j'aime encore à faire claquer mon fouet, il me reste assez de talents au service de mes amis.

Glossin continua à s'extasier sur ses qualités, croyant faire une impression favorable sur le colonel. Cependant celui-ci préoccupé de l'idée de le mettre à la porte ou de le faire jeter par la fenêtre, résista à cette tentation, pour ne pas nuire aux intérêts de miss Bertram. Il réprima l'impétuosité de son caractère et résolut de l'écouter jusqu'au bout en modérant son impatience. Il laissa donc Glossin finir son panégyrique et ensuite il lui demanda s'il savait où était le testament.

— Je sais.... c'est-à-dire je pense... je crois que je pourrai le retrouver; mais il arrive souvent que le dépositaire a des réclamations à faire.

— S'il ne tient qu'à cela, dit le colonel en tirant son porte-feuille.

— Mais, mon cher monsieur, vous vous hâtez trop de m'interrompre. J'ai dit que quelques personnes pourraient réclamer les frais du testament, leurs honoraires, etc. Mais quant à moi, je souhaite seulement que miss Bertram et ses amis soient persuadés que j'agis envers eux avec honneur. Voici le papier, monsieur. J'aurais eu du plaisir à le remettre entre les mains de miss Bertram et à la féliciter d'un bonheur dont elle est si digne ; mais puisque sa répugnance est invincible, il ne me reste qu'à vous prier, colonel, de lui transmettre mes souhaits et lui exprimer que je suis prêt à faire pour elle tout ce qui sera en mon pouvoir. J'ai l'honneur de vous saluer.

Cet adieu fut bien amené ; il ressemblait tellement au ton de la probité injustement soupçonnée que le colonel fut ébranlé dans la mauvaise opinion qu'il avait conçue de cet homme. Il l'accompagna quelques pas et prit congé de lui avec un peu plus de politesse, quoique toujours froid et réservé. Glossin quitta la maison à moitié charmé de l'impression que son dernier discours venait de produire, à moitié mortifié de l'accueil sévère et orgueilleux qu'on lui avait fait. « Le colonel Mannering aurait pu se montrer plus poli, pensa-t-il, tout le monde n'apporte pas 400 liv. sterling de rente à une fille sans biens ; Singleside et les autres domaines, Reilagegarbeg, Gillifidget, Loverless, etc. les rapportent bien. Beaucoup de gens chercheraient à tirer parti de cette affaire ; cependant après beaucoup de réflexion, je n'y vois guères de possibilité. »

Dès que Glossin fut parti, le colonel envoya un domestique chercher M. Mac-Morlan. A son arrivée, il mit le testament entre ses mains et lui demanda s'il le croyait favorable à son amie Lucy Bertram. M. Mac-Morlan le parcourut avec les yeux pétillans de joie et faisant claquer ses doigts :

— Excellent ! cela va comme un gant ; personne ne fait mieux son ouvrage que Glossin, lorsqu'il n'a pas d'intérêt à mal faire ; mais, ajouta-t-il avec un air consterné, la vieille guenon a pu changer d'avis.

— Comment le savoir ?

— Il faudrait que quelqu'un représentât miss Bertram à la levée des scellés chez la défunte.

— Pouvez-vous y aller ?

— Je crains que non, je dois faire partie du jury aux prochaines assises.

— J'y irai donc moi-même ; je partirai demain. Sampson viendra avec moi comme témoin du testament. Mais il me faudra un conseil.

— Le dernier Shériff du comté jouit d'une grande réputation. Je vous donnerai une lettre de recommandation pour lui.

— Ce que j'aime de vous, M. Mac-Morlan, c'est votre coutume d'aller toujours droit au but. Faites-la moi de suite. Parlerons-nous à miss Lucy de l'espoir de cette succession ?

— Assurément, puisqu'il faut qu'elle vous donne sa procuration que je vais dresser à l'instant. D'ailleurs je me repose sur sa prudence, et je suis sûr qu'elle ne considérera cet espoir que comme une probabilité incertaine.

M. Mac-Morlan jugeait bien. Cette nouvelle inattendue parut ne pas produire la plus légère émotion de plaisir sur miss Bertram. Elle demanda seulement dans la soirée à M. Mac-Morlan, comme par hazard, quel était le revenu annuel du domaine d'Hazlewood. Pourrions-nous conclure de là, quelle voulait savoir si une héritière de 400 livres sterling (environ 9600 fr.) de revenu était un parti convenable pour le jeune lord ?

CHAPITRE V.

Versez-moi du vin, afin que mes yeux s'enflamment; car je veux parler avec feu dans le rôle du roi Cambyse.

Henri IV. Part. I.

MANNERING ne tarda pas à partir pour Edimbourg accompagné de Sampson. Ils voyagèrent dans la chaise de poste du colonel, qui, connaissant les distractions de Dominie, ne voulut pas le perdre de vue, et encore moins le faire aller à cheval, sur lequel un garçon d'écurie un peu rusé aurait pu le faire monter la tête tournée vers la queue. Il parvint donc avec l'aide de son valet qui suivait à cheval, à amener sain et sauf M. Sampson dans une auberge à Edimbourg, car il n'y avait pas encore d'hôtels. Il ne lui arriva d'autre accident que de s'égarer deux fois. La première, il fut retrouvé par Barnes dissertant avec le maître d'école de Moffat sur la quantité d'un mot dans la 7eme ode du livre II d'Horace ; il s'était laissé entraîner à disputer sur la signification du mot *Malobathro* dans la même ode. Sa seconde escapade fut occasionnée par le désir de visiter le tombeau d'un presbytérien célèbre. Etant sorti un moment de la voiture, il aperçut le monument à la distance d'environ un mille ; il satisfit sa curiosité et au lieu de retourner sur ses pas, il se dirigea vers les montagnes du Pentland, oubliant son ami, son patron et son compagnon de voyage aussi complétement que s'il eût été dans les Indes. Barnes l'arrêta enfin, et lorsqu'il lui eut dit que le colonel Mannering l'attendait, Dominie s'écria à son ordinaire : « Prodigieux ! je l'avais oublié » et il se retourna. La patience de son maître dont il connaissait la vivacité étonnait Barnes plus que toute autre chose; mais Dominie était une personne privilégiée. Son patron et lui étaient toujours du même avis, et ils semblaient faits pour passer ensemble leur vie. Si Mannering demandait un livre, Dominie le lui présentait à l'instant; s'il voulait régler ou vérifier quelque compte, Dominie était là; désirait-il se rappeler quelque citation latine, la tête de Dominie était encore son dictionnaire: jamais cet original ne s'énorgueillissait d'être consulté, et ne se fâchait d'être laissé de côté. Pour un homme comme Mannering, qui sous bien des rapports était froid, hautain et réservé, cette espèce de catalogue vivant, d'automate animé, avait tous les avantages d'un domestique instruit et muet.

Dès qu'ils furent arrivés à Edimbourg, ils descendirent à l'auberge du roi Georges, près de Bristoport (j'aime à préciser les faits). Le colonel demanda un guide pour le conduire chez M. Pleydell, l'avocat pour qui M. Mac-Morlan lui avait donné une lettre de recommandation. Il ordonna à Barnes d'avoir l'œil sur Dominie et sortit avec le porteur de chaise qui s'était chargé de l'accompagner chez l'homme de loi.

C'était alors vers la fin de la guerre d'Amérique. L'agrément d'être bien logé, de jouir d'un air pur et d'une vue agréable n'était pas encore beaucoup goûté dans la capitale de l'Écosse. Dans les quartiers du sud on paraissait sentir le besoin d'une amélioration, et vers le nord la nouvelle ville aujourd'hui si étendue, commençait à peine à s'élever. Les personnes d'un rang distingué et particulièrement celles attachées au palais habitaient encore les donjons de la vieille ville. Les vétérans du barreau repoussant toute innovation continuaient de recevoir leurs clients à la taverne, comme c'était la coutume cinquante ans auparavant. Quoique les jeunes avocats la tournassent en ridicule, les vieux conseillers suivaient l'ancienne route, soit qu'elle leur parût plus agréable, soit qu'ils y eussent marché trop long-temps pour en changer. Parmi les plus chauds et les plus entêtés partisans des

des anciens usages était le même Paul Pley‑
dell, d'ailleurs homme de mérite, savant
estimable et excellent avocat.

Suivant les pas de son guide fidèle, le
colonel Mannering, après avoir parcouru
quelques rues obscures, arriva dans High-
Street retentissant alors des cris des mar-
chandes d'huîtres et des clochettes des
marchands de pâtés, car huit heures ve‑
naient de sonner, comme l'observa son
guide. Il y avait long-temps que Mannering ne s'était pas trouvé dans les rues
d'une capitale populeuse. Les cris, les
disputes, le mouvement des vendeurs et
des acheteurs, les groupes qui changent
sans cesse de place, la multiplicité des
lumières offre surtout pendant la nuit, un
spectacle qui, quoique composé d'objets
vulgaires en les considérant séparément,
produit par ses combinaisons variées un
effet puissant sur l'imagination. La hau‑
teur extraordinaire des maisons était ren-
due sensible par les lumières qui sortaient
de leurs fenêtres irrégulières, et dont les
plus élevées semblaient briller dans le

firmament. Ce coup d'œil, qui subsiste encore en partie, était produit par l'alignement des édifices qui ne cesse qu'à l'endroit où le pont du Nord aboutit à la grande rue et forme une place aussi belle qu'uniforme, qui s'étend depuis la façade de Luckenboths jusqu'à Canongate et correspond par la hauteur et l'étendue de ses bâtiments à la beauté des maisons de l'autre côté.

Mannering n'eut pas le temps d'admirer tous ces objets. Son conducteur marchant d'un pas rapide, entra dans une ruelle et tournant à droite, il commença à monter un escalier dont la malpropreté affecta désagréablement un des sens du colonel. Après être parvenus à une certaine hauteur, ils entendirent frapper avec force à une porte, deux étages au dessus d'eux. La porte s'ouvrit, et il s'éleva aussitôt un vacarme épouvantable. Au milieu des hurlements d'un chien furieux, des cris d'une femme effrayée, des miaulements d'un chat attaqué, on distinguait la voix rauque d'un homme qui criait : « Ici, Mustarde ! à bas ! à bas ! »

— Dieu nous bénisse ! dit la voix femelle, s'il avait étranglé notre chat, M. Pleydell ne me l'aurait jamais pardonné.

— Allez, mon enfant, les chats ont la vie dure. Ainsi il n'est pas chez lui, dites-vous ?

— Non, M. Pleydell n'y est jamais le samedi.

— Et le dimanche non plus ; je ne sais que faire.

Pendant ce colloque, Mannering arriva et trouva un paysan d'une grande taille, vêtu d'une redingotte grise avec les boutons en métal, un chapeau couvert de toile cirée, en bottes et le fouet sous le bras, s'entretenant avec une fille qui tenait d'une main le loquet de la porte, et de l'autre un poêlon plein d'eau-de-savon, circonstance qui annonce à Edimbourg le samedi soir.

— Ainsi M. Pleydell n'est pas chez lui, mademoiselle ? dit Mannering.

— Il est bien comme chez lui, mais il n'est pas à la maison ; il n'y est jamais le samedi soir.

— Mais, ma chère enfant, je suis étranger, et mon affaire est pressante. Me diriez-vous où je pourrai le trouver ?

— Son honneur, dit le porteur, sera à la taverne de Clerihugh ; elle aurait bien pu vous le dire. Elle croyait sans doute que c'était sa maison que vous vouliez voir.

— Conduisez-moi donc à cette taverne. J'espère qu'il voudra me recevoir, car c'est pour une affaire importante.

— Je n'en sais rien, monsieur ; il n'aime pas à être dérangé le samedi ; mais il est poli envers les étrangers.

— J'irai aussi à la taverne, dit notre ami Dinmont, car je suis étranger, et mon affaire en vaut bien un autre.

— S'il reçoit le riche, il ne repoussera pas le pauvre, dit la servante ; mais au nom de Dieu, ne dites pas que c'est moi qui vous ai envoyés.

— Je ne suis pas riche, mais je ne prétends pas le consulter sans le payer, dit le fermier avec une honnête fierté, et il descendit l'escalier suivi de Mannering et du porteur. Le colonel ne put s'empêcher d'admirer la vivacité avec laquelle l'étranger qui le précédait fendait la presse, écartant de son passage par l'impétuosité de sa marche tous les passants tant ivres que sobres.

— Il n'ira pas loin sans trouver à qui parler, dit le porteur de chaises.

Sa prédiction ne s'accomplit pas. La taille de Dinmont en imposait et on le jugeait d'un métal trop dur pour s'y frotter. Mannering suivit les pas du fermier, jusqu'à ce que celui-ci s'arrêtant dit au porteur : je crois que c'est ici tout près ?

— Oui, oui, dit Donald, c'est tout près.

Dinmont marcha avec confiance, entra dans une allée sombre, monta un escalier plus sombre encore, et arriva enfin à une porte ouverte. Tandis qu'il sifflait pour faire venir le garçon, comme si c'eût été un de ses chiens, Mannering regardait autour de lui, et ne pouvait concevoir comment un homme d'une profession honorable et de la bonne société, pouvait choisir un lieu pareil pour ses délassements. Sans parler de cette misérable entrée, la maison paraissait à demi ruinée. Le passage où ils se trouvaient avait une fenêtre qui laissait pénétrer un peu de lumière pendant le jour, mais beaucoup de mauvaises odeurs, surtout vers le soir. Vis-à-vis cette fenêtre, il en était une autre qui recevait le jour de la première, et transmettait cette faible clarté dans la cuisine, qui maintenant éclairée par un feu brillant, paraissait un nouveau Pandemonium, où hommes et femmes demi-nus étaient occupés à ouvrir des huîtres, à cuire de sa pâtisserie, etc. La maîtresse de la maison, les souliers en pantoufles, les cheveux épars comme ceux d'une mégère et s'échappant de dessous un bonnet chiffonné qui lui couvrait à peine les oreilles, courant, grondant, donnant et recevant des ordres, commandant et obéissant tour-à-tour, semblait la magicienne souveraine de cette région ténébreuse.

Des éclats de rire bruyants et répétés, qui se faisaient entendre de divers endroits de la maison, prouvaient que leurs travaux n'étaient pas sans récompense auprès d'un public généreux. Le garçon fit quelque difficulté de montrer au colonel et à D amont la chambre où l'avocat célébrait ses orgies hebdomadaires. Jamais spectacle ne les surprit davantage, et surtout l'attitude du conseiller qui y jouait le principal rôle.

M. Pleydell était un homme à l'œil vif, au regard pénétrant, dont les manières graves annonçaient la profession. Mais sa physionomie, ainsi que sa perruque à trois marteaux et son habit noir, étaient mis de côté le samedi soir au milieu d'un cercle de joyeux compagnons, disposés, comme il le disait, à se montrer à sa hauteur. Ils étaient à table depuis quatre heures, et sous la direction d'un vénérable grand-prêtre de Bacchus qui avait partagé les plaisirs de trois générations, ils se divertissaient au jeu ancien et maintenant oublié de *High-Jinks*. On le jouait de plusieurs manières. Le plus souvent on se servait de dés pour désigner celui qui devait représenter un personnage et ne pas sortir du caractère qu'il s'était imposé pendant le temps convenu, ou réciter un certain nombre de vers burlesques dans un ordre particulier. S'il sortait du caractère qu'il avait choisi, ou si sa mémoire le trompait, il encourait une pénitence qui consistait à boire de nouvelles rasades, ou à payer une amende applicable à la dépense. C'est à ce jeu que s'amusait la joyeuse compagnie, lorsque Mannering entra dans la chambre.

Maître Pleydell représentait un monarque. Il était assis sur un fauteuil placé sur la table, la perruque de travers, la tête ceinte d'une couronne de bouchons, les yeux pétillant de gaîté et animés par les vapeurs bachiques. Sa cour célébrait son triomphe par ces vers ridicules :

  Géronte est mort ? Pauve garçon !
  Hélas ! il a fait le plongeon, etc.

Tels étaient, ô Thémis, les jeux de tes enfans d'Ecosse. Dinmont, entré le premier, resta un moment ébahi ; mais tout-à-coup, il s'écria : c'est lui, j'en suis sûr, diable ! mais qui aurait pu le reconnaître ?

Lorsque le garçon eût annoncé M. Dinmont et le colonel Mannering, Pleydell tourna la tête, et fut un peu embarrassé en voyant la noble tournure du gentilhomme anglais. Mais il était de l'opinion de Falstaff : « Dehors, coquin, laissez finir la pièce ! » Il jugea sagement qu'il lui convenait de ne pas paraître déconcerté. — Où sont nos gardes ? s'écria le second Justinien, ne voyez-vous pas ce chevalier étranger qui arrive en notre palais d'Holy-rood, précédé de notre brave André Dinmont, le pasteur de notre troupeau royal dans notre forêt de Jedwood, où, grâce à nos soins vigilans pour l'administration de la justice, ils paissent aussi tranquillement que s'ils étaient renfermés dans notre parc de Fife ? Où sont nos héraults-d'armes, nos écuyers tranchants ? Que ces deux étrangers prennent place à notre banquet royal, et soient reçus avec les égards dûs à leur rang et à leur dignité et selon la solemnité de ce jour. Demain nous entendrons leurs requêtes.

— Mais, sire, j'observerai à Votre Majesté que c'est demain dimanche, dit un des courtisans.

— Dimanche ? Pour ne pas scandaliser l'assemblée des fidèles, lundi nous leur donnerons audience.

Mannering, d'abord incertain, ne savait s'il devait rester ou se retirer; cependant il résolut de se prêter un moment à ce badinage, quoiqu'il maudît intérieurement Mac-Morlan de l'avoir adressé à une espèce de cerveau fêlé. Il s'avança donc après avoir fait trois profondes salutations et demanda l'autorisation de déposer aux pieds du monarque écossais ses lettres de créance. La gravité avec laquelle il entra dans l'esprit de la scène, et l'humble inclination avec laquelle il refusa d'abord et finit par accepter un siége présenté par le maître des cérémonies, lui valurent trois salves d'applaudissements.

— Le diable m'emporte, s'ils ne sont pas tous devenus fous, dit Dinmont en se plaçant sans cérémonie au bout de la table; ou bien ils font le carnaval avant qu'il soit arrivé et c'est une mascarade.

Un grand verre de vin de Bordeaux fut offert à Mannering qui le but à la santé du monarque régnant. — Vous êtes sans doute, lui dit S. M., le célèbre sir Miles Mannering, si renommé dans nos guerres contre la France, et vous déciderez si les vins de Gascogne perdent leur qualité, lorsqu'ils sont transportés dans nos pays du nord.

Mannering agréablement flatté de cette allusion au plus célèbre de ses ayeux, répondit qu'il n'était qu'un descendant de ce preux chevalier, mais qu'il affirmait que le vin était excellent.

— Il est trop froid pour mon estomac, dit Dinmont en posant son verre qu'il venait de vider.

— Nous corrigerons cette qualité, répondit le roi Paul, premier du nom; nous n'avons pas oublié que l'air humide de notre vallée du Liddel demande une boisson plus spiritueuse. Sénéchal, qu'on verse au fidèle conservateur de nos troupeaux un verre d'eau-de-vie ; il en sera plus satisfait.

— Maintenant, dit Mannering, puisque nous avons eu sans le vouloir, l'indiscrétion de déranger Votre Majesté dans ses moments de délassemens, aura-t-elle la bonté d'accorder audience à un étranger qu'une affaire de la plus haute importance amène dans sa capitale.

Le monarque ouvrit la lettre de Mac-Morlan et la parcourant rapidement, il s'écria avec le ton de voix et les gestes qui lui étaient naturels : — Lucy Bertram d'Ellangowan, pauvre chère fille !

— A l'amende ! à l'amende ! s'écrièrent une douzaine de voix, S. M. a oublié son caractère royal.

— Pas du tout, répondit le roi, je m'en rapporte à ce courtois chevalier. Un monarque ne peut-il aimer une fille de basse naissance ? Le roi Corphetua et la fille mendiante ne préjugent-il pas en notre faveur ?

— Phrase d'avocat ! phrase de barreau ! une autre amende ! s'écria la noblesse en tumulte. Nos

— Nos royaux prédécesseurs, continua le monarque en élevant sa voix souveraine pour couvrir les clameurs de ses sujets indociles, n'ont-ils pas eu leurs Jeanne Logie, leurs Bessie Carmichael, leurs Oliphant, leurs Sandiland, et leurs Weir ? Et nous, serons-nous privés du droit de nommer la dame de nos pensées ? Eh bien, périsse l'état ! périsse la souveraineté ! Comme un second Charles-Quint, nous abdiquons, nous allons, dans la vie privée, goûter ces doux plaisirs que vous refusez à la majesté du trône.

En parlant ainsi, il sauta de son siège élevé, avec plus d'agilité qu'on ne l'aurait attendu de son âge, commanda d'apporter dans une autre appartement des lumières, un bassin et de l'eau, avec du thé, et fit signe à Mannering de le suivre. En moins de deux minutes, il eut lavé sa figure et ses mains, rajusté sa perruque devant une glace et, à la grande surprise du colonel, il parut un tout autre homme que celui qu'il venait de voir présider à des Bacchanales. « Il y a des gens, dit-il,

M. Mannering, devant qui il faudrait se garder de faire des folies, parce qu'ils ont trop de malice, ou trop peu d'esprit, comme dit un de nos poëtes. La meilleure manière de répondre à la confiance du colonel Mannering est de me montrer à lui tel que je suis. Mais que nous veut ce grand luron ?

Dinmont qui avait suivi Mannering, commença à se gratter la tête d'une main et de l'autre la jambe. — Je suis Dandie Dinmont de Charlies-hope... de Liddesdale ; vous vous souvenez bien ; c'est pour moi que vous avez gagné ce grand procès.

— Quel procès, tête sans cervelle ? croyez-vous que je me rapelle tous les fous qui viennent me tourmenter ?

— Monsieur, c'est le grand procès sur le droit de pâturage, dans le pré de Langtae-head.

— Bon, en voilà assez, donnez-moi vos papiers et venez lundi à dix heures.

— Mais, monsieur, je n'ai aucun papier.

— Quoi ! pas même une note ?

— Non, monsieur, car votre honneur

a déjà dit.... souvenez-vous en, M. Pleydell... que, quant à nous autres gens de la
campagne, il aimait mieux nous entendre
raconter notre histoire de vive voix.

—— Maudite soit ma langue si elle a dit
cela ! mes oreilles le paieront bien. Ra-
contez-moi donc en deux mots ce que
vous avez à me dire, vous voyez que ce
gentilhomme attend.

—— Oh! si monsieur veut parler le premier, ça m'est égal.

—— Mais, tête d'âne, ne concevez-vous
pas que votre affaire lui est indifférente,
et qu'il ne veut pas régaler vos longues
oreilles du récit de la sienne.

—— Comme vous le voudrez, et moi aussi. Voici donc mon affaire. Il existe une
vieille querelle entre Jock de Dawstoncleugh et moi. Nos biens sont situés auprès du ruisseau de Touthoprigg, car
après les Pomoragrains vient une grosse
borne appelée Charlies-Chuckie, et puis
les fermes de Charlies-hope et de Daws-
ton-cleugh. Je dis, moi, que le haut de
la montagne d'où vient le vent et où le

ruisseau prend sa source, doit être notre point de séparation, et Jock de Dawstoncleugh s'y oppose en disant que ce doit être la grande route qui va à Keeldar-Ward, et cela ne fait pas une petite différence.

— Et qu'elle différence cela fait-il, l'ami ? combien y nourrirait-on de brebis ?

— Oh ! pas beaucoup ; c'est très-élevé et mal exposé. On peut y nourrir un mouton ou deux, les bonnes années.

— Et pour ce pâturage, qui produit à peine cinq shellings par an, vous voulez dépenser cent et même deux cents livres ?

— Non, monsieur, ce n'est pas pour la valeur ; mais c'est pour la justice.

— Mon cher ami, la justice comme la charité commence par soi-même. Ainsi soyez juste envers votre femme et vos enfans, et ne pensez plus à cela.

Dinmont restait toujours et tournait son chapeau entre ses mains. — Ce n'est pas pour cela, monsieur.... mais je ne veux pas que Jock se moque de moi. Il dit qu'il amènera plus de vingt témoins ; moi, j'en amènerai encore davantage, tous gens qui ont passé leur vie à Charlies-hope, et qui n'aimeraient pas à voir cette ferme perdre de ses droits.

— Diable, si c'est un point d'honneur, pourquoi les seigneurs ne s'en mêlent-ils pas ?

— Je n'en sais rien, monsieur, dit Dandie en se grattant la tête ; il y a des élections, les lords sont voisins ; enfin Jock et moi n'avons pu les décider à cela. Mais si nous pouvions retenir les rentes..

— Non, non, gardez-vous en bien. Que ne prenez-vous deux bons bâtons ?

— Dame ! nous l'avons déjà essayé trois fois ; deux fois sur le terrain disputé et une autre à la foire de Lockabye mais nous nous sommes trouvés égaux en force, et nous n'avons rien pu décider.

— Prenez donc deux sabres et allez-vous en au diable, comme le faisaient vos pères.

— Si vous croyez que ce n'est point aller contre les lois, j'y consens de bon cœur.

— Paix ! paix ! vous tombez d'une erreur dans une autre. Avez-vous perdu la tête de vouloir entreprendre un procès pour une bagatelle ?

— Ainsi donc, monsieur, vous ne voulez pas vous en charger ?

— Non, mon ami, retournez chez vous, buvez une pinte de bière avec Jock et arrangez-vous. Dinmont ne paraissait qu'à demi satisfait. — Avez-vous encore quelque chose à me dire, mon ami ?

— C'est seulement, monsieur, sur la succession de cette Lady qui vient de mourir, la vieille mistress Marguerite Bertram de Singleside.

— Et quel intérêt y avez-vous ? dit l'avocat étonné.

— Ce n'est pas que nous soyons parents des Bertram, ce sont de trop grandes gens ; mais Jeanne Liltup, qui était la femme de charge du vieux Singleside, est la mère des deux Ladies qui sont mortes et la dernière était assez vieille, je crois. Jeanne Liltup sortait de la vallée du Liddel, et était cousine au second de-

gré de la sœur consanguine de ma mère.
Elle était maîtresse de Singleside en même
temps que sa femme de charge, et ce n'é-
tait pas un petit chagrin pour la famille.
Mais il a légitimé ses enfans, et satisfait
à l'église. Je voudrais savoir si la loi nous
permet de réclamer quelque chose de sa
succession ?

— Pas la moindre chose.

— Nous n'en serons pas plus pauvres.
Si elle a fait un testament, elle pourrait
bien avoir pensé à nous. Maintenant,
monsieur, que j'ai dit tout ce que j'avais
à dire, j'ai l'honneur de vous souhaiter le
bonsoir et.... il mit la main dans sa poche.

— Non, non, mon ami ; je ne prends
rien le samedi soir, surtout lorsqu'on n'a
point de notes. Adieu Dandie. Dandie fit
un profond salut et partit.

CHAPITRE VI.

Rien de beau, rien de vrai dans ce spectacle aride
Ne plaît à notre esprit, ne touche notre cœur.
Sombre sans imposer, hideux, mais insipide,
Il fatigue les sens, sans frapper de terreur.

Registre de la Paroisse.

— Votre Majesté, dit Mannering en riant, vient de signaler son abdication par un acte de clémence et de charité; ce brave homme n'aura plus recours à la justice.

— Vous vous trompez; c'est que j'ai perdu un client et des honoraires. Il n'aura pas de repos qu'il n'ait trouvé un avocat qui l'encourage dans sa folie. Je viens de vous montrer le côté faible de mon caractère; le samedi soir je parle toujours vrai.

— Et quelquefois pendant la semaine, dit Mannering sur le même ton.

— Oui, autant que ma profession me le permet. Je suis assez honnête, comme dit Hamlet, lorsque mes clients et leurs solliciteurs ne me rendent pas l'organe de leurs doubles mensonges. Mais, *oportet vivere !* c'est une triste chose. Venons en à votre affaire. Je suis charmé que mon vieil ami Mac-Morlan vous ait adressé à moi ; c'est un homme actif, intelligent et désintéressé, il a été long-temps mon substitut lorsque j'étais shériff de ce comté, et il conserve encore cette charge. Il connaît l'attachement que je porte à l'infortunée famille d'Ellangowan, et surtout à cette pauvre Lucy. Elle avait douze ans, la dernière fois que je l'ai vue ; elle était alors une douce et charmante fille auprès d'un père bien ridicule. Mais mon amitié pour elle est d'une date plus ancienne. Je fus appelé, comme shériff du comté, pour prendre des informations sur un meurtre qui avait été commis à Ellangowan, la veille de la naissance de cette aimable enfant : crime qui par un étrange concours de circonstances causa la mort ou l'enlèvement de son frère, qui avait alors cinq ans. Non, colonel, je n'oublierai jamais la désolation de la maison d'Ellangowan : le père dans un état d'insensibilité, la mère succombant aux douleurs d'un enfantement prématuré, cette pauvre enfant presque délaissée en arrivant au monde, n'ayant aucun secours pour appaiser ses cris. Nous autres hommes de loi, nous ne sommes pas plus de fer ou de bronze, que vous autres militaires n'êtes d'acier. Nous sommes habitués aux crimes et aux malheurs de la société, comme vous l'êtes aux scènes sanglantes des combats. Quelque insensibilité est donc un peu nécessaire à l'accomplissement de nos devoirs : mais au diable le soldat dont le cœur est d'acier comme son glaive, et l'avocat dont le sien est d'airain comme son front. — Mais je m'aperçois que je perds mon samedi soir. Voulez-vous me confier les papiers qui ont rapport à l'affaire de miss Bertram ? Un moment.... demain accepterez-vous un dîner de garçon chez un vieil avocat. J'insiste là dessus, à trois heures précises.

venez une demi-heure plutôt. La vieille lady sera enterrée lundi. C'est la cause de l'orphelin, nous pouvons sans scrupule choisir une heure du dimanche pour en parler. Cependant je crains qu'il n'y ait rien à faire, si elle a fait un autre testament; excepté que la date en soit de moins de soixante jours, et alors si miss Bertram montre des titres valables....

Mais écoutez... Mes sujets sont impatiens de mon interrègne, je ne vous invite point à vous joindre à nous, ce serait abuser de votre complaisance, à moins que vous n'eussiez commencé la journée avec nous, et passé successivement de la sagesse à la gaîté, et de la gaîté à.... à l'extravagance, bonsoir. Harry, accompagnez M. Mannering jusqu'à son logis. Colonel, je vous attends demain un peu après deux heures.

Le colonel revient chez lui, non moins surpris des folies dont il avait trouvé l'avocat occupé, que de la candeur, du bon sens et surtout de la sensibilité qu'il avait déployés en parlant de la malheureuse orpheline.

Le lendemain matin tandis que le colonel avec son paisible et silentieux compagnon terminait le déjeûner que Barnes leur avait apporté, au moment où Dominie venait de s'échauder lui-même, on annonça M. Pleydell. Une élégante perruque poudrée avec goût par un habile perruquier, un habit noir brossé soigneusement, des souliers luisants, des boucles d'or, un abord aisé, des manières polies, un ton réservé, une physionomie prévenante et spirituelle montraient un tout autre homme que celui de la veille. Un regard vif et plein de feu, rappelait seul le personnage du *samedi soir*.

— Je viens, dit-il avec la plus grande politesse, vous soumettre à mon autorité royale pour le spirituel comme pour le temporel. Où puis-je vous accompagner ? à l'église presbytérienne ou à l'épiscopale ? *Tros Tyriusve*, un avocat, vous le savez est des deux religions, ou plutôt, dis-je, des deux formes de religion. Ou bien puis-je vous aider à passer la matinée d'une autre manière. Vous excuserez une importunité

tunité qui n'est plus de mode, je suis né dans le vieux temps où un écossais aurait cru manquer aux lois de l'hospitalité, s'il avait laissé un étranger seul un instant, excepté pendant le temps du sommeil. Je vous prie de me dire franchement si ma visite est importune.

— Non, certainement, mon cher monsieur, je suis enchanté de me trouver sous votre direction. Je serais satisfait d'entendre un de vos prédicateurs écossais dont les talents ont fait tant d'honneur à votre pays, Blair, Robertson, Henry. J'accepte donc de tout mon cœur une offre si aimable. Seulement, dit-il en tirant à part l'avocat et lui montrant des yeux Sampson, voilà mon digne ami qui est sujet à de fréquentes distractions; il a témoigné le désir de visiter les églises les plus éloignées et Barnes qui est son guide ordinaire ne peut l'accompagner.

L'avocat jeta un coup-d'œil sur Sampson. — C'est une curiosité digne d'être conservée, je lui trouverai un gardien convenable. Holà, garçon, allez de suite chez Luckie Finlayson dans Cowgate, demandez Miles Macfin, il doit y être à cette heure, et dites lui que je veux lui parler.

Celui-ci arriva bientôt. — Je confierai votre ami à cet homme, dit Pleydell; il le suivra ou le conduira partout où il voudra aller, avec une égale indifférence, à l'église, au marché, au palais de justice, ou partout ailleurs ; il le ramènera sain et sauf à l'heure que vous fixerez et M. Barnes pourra disposer de ses loisirs.

Cela était ainsi arrangé, le colonel confia Dominic à cet homme pour tout le temps qu'ils resteraient à Edimbourg.

— Maintenant, colonel, si vous voulez entendre l'historien de l'Ecosse et de l'Amérique, nous irons à l'église des Frères-Gris.

Leur attente fut trompée, il ne prêchait pas ce jour-là.

— Ayez un moment de patience, dit l'avocat, nous n'y perdrons rien.

Le collègue du docteur Robertson monta en chaire. Son extérieur ne prévenait pas en sa faveur. Un teint fort blanc contrastait avec une perruque noire sans un grain de poudre, un air contraint, une taille voûtée, des mains fixées comme deux étais aux deux côtés de la chaire, semblaient plutôt destinées à soutenir son corps qu'à accompagner de gestes son discours; point de robe, pas même celle de Genève, un rabat chiffonné, des mouvements forcés, frappèrent d'abord le colonel.

— Le prédicateur semble sur les épines, dit tout bas Mannering à son nouvel ami.

— Ne craignez rien, c'est le fils d'un excellent avocat écossais, il ne démentira pas son sang, je vous le garantis.

La prédiction de l'avocat se vérifia. Le sermon était plein de vues neuves, et l'Écriture Sainte y était expliquée avec autant d'onction que de clarté. Il ne lisait pas son sermon; un carré de papier contenait les points principaux; et la prononciation de l'orateur qui paraissait embarrassée, devint bientôt distincte et animée. Quoique l'on ne pût pas proposer ce discours comme un modèle d'éloquence de la chaire, Mannering en avait peu entendu d'une métaphysique plus profonde d'une logique plus serrée.

Après le sermon, ils discutèrent sur quelques points de théologie et de controverse peu intéressants pour le lecteur, et se séparèrent jusqu'à l'heure du dîner.

L'entrée de la maison de l'avocat n'inspira pas à Mannering une idée avantageuse de son dîner. En plein jour, les avenues lui parurent plus désagréables que la veille. Les maisons étaient si rapprochées que les voisins auraient pu se donner la main des fenêtres opposées, et la rue était quelquefois traversée par des galeries de bois qui servaient de communications entre les étages correspondants. L'escalier était d'une grande malpropreté et le passage bas et étroit. Mais la bibliothèque où l'introduisit un domestique âgé et d'une physionomie respectable lui offrit un contraste frappant qui détruisit ses premières impressions. C'était une belle salle ornée de quelques portraits d'Ecossais célèbres peints par Jamieson, le Van-Dick calédonien, et garnie des meilleures éditions des auteurs les plus distingués. — Voilà, dit Pleydell, les outils de mon métier ; un avocat qui n'étudie ni l'histoire ni la littérature n'est qu'un manœuvre, ou un simple maçon, tandis que s'il possède ces connaissances, c'est un véritable architecte. Une vue superbe fixa l'attention de Mannering ; les fenêtres dominaient la vaste étendue de pays qui sépare Edimbourg de la mer, le golfe de Forth avec ses îles, la baie de North Berwick ; du côté du nord les côtes variées du comté de Fife, et dans le lointain des montagnes dont les pointes aiguës se dessinaient dans l'azur de l'horizon.

Lorsque M. Pleydell eut assez joui de la surprise de son hôte, il détourna son attention pour lui parler des affaires de miss Bertram. — J'espérais, dit-il, trouver quelque moyen d'établir ses droits d'une manière incontestable sur les propriétés de Singleside ; mais toutes me recherches ont été vaines, car la vieille dame jouissait de la liberté d'en disposer à sa fantaisie. Tout ce que nous avons à espérer, c'est que le diable ne l'ait pas tentée pour lui faire changer son testament. Il vous faudra assister à ses funérailles, car j'ai prévenu son procureur que vous êtes ici pour représenter miss Bertram; il ne manquera pas de vous envoyer un billet d'invitation. J'irai ensuite vous rejoindre à la maison de la défunte pour assister à l'ouverture du testament. La vieille dame avait auprès d'elle une petite orpheline, sa parente éloignée, qui était son esclave plutôt que sa compagne; j'espère que pour la dédommager de la dureté avec laquelle elle la traitait, elle lui aura assuré un sort indépendant.

Trois nouveaux convives arrivèrent et furent présentés à Mannering. C'étaient des hommes aimables, instruits et d'une humeur joviale; ainsi la journée se passa fort agréablement. Le colonel resta jusques à huit heures aidant à vider la bouteille de son hôte, qui, soit dit en passan était corpulente. A son retour à l'auberge, il trouva un billet d'invitation pour assister aux funérailles de feu miss Marguerite Bertram de Singleside, qui devaient avoir lieu à une heure après midi dans l'église des Frères-Gris.

A l'heure fixée, Mannering se rendit à une petite maison dans le faubourg du sud de la ville. Il la trouva facilement, car, selon la coutume de l'Ecosse, on avait placé devant la porte deux personnages de mauvais augure, vêtus de longs habits noirs, le chapeau entouré de crêpes blancs, et tenant en main des bâtons ornés de lugubres emblêmes. Deux autres muets, qui semblaient accablés sous le poids de la douleur, l'introduisirent dans la salle à manger de la défunte où se réunissaient les personnes invitées à la cérémonie funèbre.

On a généralement conservé en Ecosse la coutume, maintenant tombée en désuétude en Angleterre, d'inviter tous les parents aux enterremens. Quelquefois cet usage produit les effets les plus frappants;

mais lorsque le défunt à vécu sans être aimé, ce ne sont que de vaines grimaces. Le service funèbre de l'église anglicane qui est une des plus belles et des plus touchantes parties de son rituel, produirait dans l'ame des auditeurs une componction religieuse et mélancolique; mais en Ecosse, si la véritable douleur n'est point dans le cœur des assistants, rien ne le touche, rien n'exalte l'imagination. Mistress Marguerite Bertram était un de ces êtres froids, qui n'ont jamais connu ni inspiré le doux sentiment de l'amitié. N'ayant aucun proche parent qui pût lui donner quelques larmes ou ne vit à ses funérailles qu'une affliction simulée.

Mannering, se plaça au milieu de la lugubre assemblée des cousins depuis le quatrième jusqu'au sixième degré, qui composaient leur physionomie de manière à lui donner une teinte de chagrin si expressive, qu'ils semblaient chacun avoir perdu leur mère ou leur sœur. Après un long silence, la dolente compagnie commença à converser à voix basse, comme si l'on eût été dans la chambre d'un mourant. — Notre pauvre amie, dit un grave personnage, qui ouvrait à peine la bouche, et faisait glisser les paroles sur ses lèvres de peur de déranger l'expression de tristesse qu'il avait imprimée à ses traits, notre pauvre amie est morte après avoir joui avec abondance des biens de ce monde.

— Sans doute, lui répondit-on, la pauvre mistress Marguerite conservait ses biens avec beaucoup d'économie.

— Quelles nouvelles aujourd'hui, colonel Mannering? lui dit un des convives avec lequel il avait dîné la veille, avec un ton si grave et si lugubre qu'il semblait lui annoncer la mort de toute sa génération.

— Rien de particulier, je crois, répondit Mannering avec un ton convenable à la circonstance.

— J'ai appris, dit le premier interlocuteur avec emphase, et, avec l'air de quelqu'un bien informé, j'ai appris qu'il y avait un testament.

— Et que laisse-t-elle à la petite Jenny Gibson ?

— Cent livres avec la vieille montre à répétition.

— C'est bien peu, la pauvre enfant a passé des moments pénibles auprès de la vieille dame, mais on ne doit pas attendre après le soulier d'un mort.

— Je crains, dit le politique qui s'était déjà adressé à Mannering, que nous n'ayons pas fini avec votre vieil ami Tippoo-Saïb, et qu'il ne donne encore de la tablature à la compagnie des Indes, car on m'a dit et vous devez le savoir que ses actions ne montent pas.

— Je pense, monsieur, qu'elle ne tarderont pas à monter.

— Mistress Marguerite, dit une autre personne en se mêlant de la conversation avait quelques actions de la compagnie des Indes ; j'en suis certain, car elle me chargeait d'en toucher les intérêts. Il serait à désirer pour les héritiers et les légataires, que le colonel eût la bonté d'indiquer le temps le plus convenable pour les convertir en espèces.... Mais voici M. Mortcloke qui vient régler l'ordre de la cérémonie.

M. Mortcloke, l'entrepreneur des funérailles, arrive avec sa figure allongée, grave, dolente, telle que l'exige sa lugubre profession. Il venait distribuer à ceux qui devaient porter le drap mortuaire, des cartes désignant le rang qu'ils devaient occuper auprès du cercueil; cet ordre était réglé selon le degré de parenté. Mais quelque expert que fût l'entrepreneur dans ces cérémonies funèbres, comme ceux qui appartenaient de plus près à la défunte étaient censés avoir plus de droit à sa succession, il ne put contenter tout le monde. Il y eut des murmures, et notre ami Dinmont incapable de dissimuler son mécontentement ou de le renfermer dans les bornes qu'exigeait la gravité de la cérémonie, lui donna un libre essor : « Je crois, dit-il, à haute voix que vous auriez dû me donner au moins une jambe à porter, et ce n'aurait pas été par intérêt, car je l'aurais portée aussi bien tout seul que tous ces messieurs qui sont ici. » Une vingtaine de regards de travers et de sourcils froncés se fixèrent sur l'indiscret paysan, qui satisfait d'avoir donné un libre cours à son ressentiment, descendit l'escalier avec le reste de la compagnie, dédaignant les murmures de ceux que sa remarque scandalisait.

La pompe funèbre se mit en marche. En tête marchaient les spectres avec leurs bâtons ornés de crêpes blancs fanés, en l'honneur de la virginité si long-temps conservée de mistress Marguerite Bertram. Six chevaux affamés, les vrais emblêmes de la mort, couverts de housses noires et la tête chargée de panaches blancs, traînaient le corbillard. Ils étaient précédés par Jamie Duff, espèce d'idiot qui, avec ses pleureuses et sa cravatte de papier blanc, assistait à toutes les funérailles, six carrosses de deuil qui contenaient toute la parenté suivaient le convoi. L'on y dissertait sur la valeur de la succession et sur ceux à qui elle était probablement destinée. Ceux qui croyaient y avoir droit gardaient un silence prudent, de peur de laisser pénétrer des espérances qui pouvaient être trompeuses. Le procureur qui seul
connaissait

connaissait le fond du sac, conservait une mystérieuse importance, qui prolongeait encore l'incertitude et l'anxiété.

On arriva enfin aux portes du cimetière, et là, au milieu d'une vingtaine de femmes fainéantes qui portaient leurs enfants dans leurs bras, et d'une trentaine de petits polissons qui gambadaient et couraient autour du cortège, ils parvinrent à l'endroit destiné à la sépulture des Singleside. C'était un enclos carré, gardé d'un côté par un ange invalide, sans nez, et à qui il ne restait plus qu'une aile, mais qui avait la gloire d'être resté fidèle à son poste pendant un siècle, tandis que le chérubin son camarade qui avait été posé en faction sur l'autre piédestal, gisait informe au milieu des chardons, des ciguës et des orties qui s'élevaient du fond du fossé qui entourait le mausolée. Une inscription, à moitié détruite et couverte de mousse, informait le lecteur, qu'en l'année 1650, le capitaine Andrew Bertram, premier des Singleside, descendu de l'ancienne et honorable maison d'Ellangowan, avait fait ériger ce monument pour lui et sa postérité. Une quantité raisonnable d'écussons, d'horloges de sable, de têtes de mort et d'os en croix encadrait les vers suivants à la mémoire du fondateur.

> Passant, le guerrier intrépide
> Qui dort sous cette pierre humide,
> A joint au cœur du grand Nathaniel
> Le bras de Bezaleël.

Ce fut là, au milieu d'une terre noire et grasse, dans laquelle étaient dissous les corps de ses ancêtres, que furent déposés les restes de mistress Marguerite Bertram. Semblable à des soldats qui reviennent d'un enterrement militaire, les parents qui, par leur proximité avec la défunte, avaient le plus d'intérêt à connaître son testament, ordonnèrent aux cochers de presser leurs chevaux, afin de sortir bientôt de leur incertitude sur cet objet intéressant.

CHAPITRE VII.

« En mourant, elle dote un collége ou son chat. »
                                               POPE.

Dans une fable de Lucien, une troupe de singes bien dressés par un maître intelligent jouent une tragédie aux grands applaudissements des spectateurs ; mais le décorum de la scène est tout-à-coup oublié, et les acteurs rappelés à leur instinct par une poignée de noix que jette un polisson sur le théâtre. C'est ainsi que la crise qui approchait fit éclorre parmi les prétendants des sentiments bien différents de ceux qu'ils avaient montrés, lorsqu'ils marchaient sous la bannière de M. Mortcloke. Ces yeux, naguères dévotement élevés au ciel ou humblement baissés vers la terre, étaient occupés à fureter les coffres, les caisses, les tiroirs, les armoires et tous les recoins soupçonnés de servir de cachettes à une vieille fille. Leurs recherches ne furent pas infructueuses, mais elles ne produisirent pas l'objet si désiré.

Ici était une promesse de 20 liv. sterling (480 fr. à peu près) signée par le ministre de la chapelle des insermentés, dont les intérêts étaient payés depuis la Saint-Martin, ainsi qu'il était écrit au bas ; elle était soigneusement pliée dans une chanson nouvelle sur le vieil air : *sur les eaux de Charlie*. Là, était une correspondance galante entre la défunte et un certain O'Kean, lieutenant d'un régiment d'infanterie. Parmi les lettres on trouva un document qui apprit aux parents, déjà alarmés de cette liaison, qu'elle avait été rompue. C'était un billet de 200 livres sterling (environ 4800 fr.) souscrit par le lieutenant, où rien ne prouvait que les intérêts eussent été payés. On trouva également d'autres billets de sommes plus fortes et revêtus de signatures d'un plus grand poids (en style de commerce) que celles du digne ecclésiastique et du galant militaire, sans compter un tas de monnaies de toute espèce, des débris de bijoux d'or et d'argent, des vieux pendants d'oreilles, des tabatières cassées, des montures de lunettes, etc. etc. etc. Il ne se présentait encore aucun testament, et Mannering commençait à espérer que celui qu'il avait reçu de Glossin, contenait les dernières dispositions de la vieille dame. Mais son ami Pleydell qui arrivait dans le moment, le mit en garde contre cette flatteuse espérance. « Je connais le pélerin, dit-il, en indiquant celui qui dirigeait les recherches, et à la manière dont il les conduit je vois qu'il en sait plus que nous tous.

« Tandis que cette opération continue, jetons un regard sur ceux qui y paraissent le plus intéressés. Il est inutile de parler de Dinmont qui, son fouet sous le bras, avance sa grosse face arrondie, par dessus l'épaule de l'homme d'affaires. Ce petit vieillard si maigre dont l'habit de deuil est fort propre, est M. Mac-Casquil, autrefois de Drumquag, que ruina un legs de deux actions de la banque d'Ayr. Ses espérances sont fondées sur une parenté assez éloignée, et sur l'attention qu'il avait tous les dimanches de se placer à l'église sur le même banc que la défunte, et de venir faire sa partie tous les samedis en ayant soin de ne jamais lui gagner son argent. Cet autre à l'air commun, qui porte ses cheveux gris dans une bourse de cuir plus grise encore, est un marchand de tabac, parent de mistress Bertram la mère. Lorsque la guerre d'Amérique éclata, il tripla le prix de ses articles pour tout le monde, excepté pour mistress Marguerite, dont il remplissait chaque semaine la tabatière d'écaille, du meilleur tabac et à l'ancien prix; parce que la servante ne manquait jamais de faire des compliments de sa part à son cousin M. Quid. Ce jeune homme qui n'a pas eu la décence de quitter ses bottes, aurait pu, mieux que tous ensemble, s'insinuer dans les bonnes graces de la vieille dame; mais on croit qu'il a manqué l'occasion de sa fortune, en négligeant quelquefois de venir prendre son thé, lorsqu'il y était solennellement invité; en se présentant chez elle après avoir dîné en mauvaise compagnie; pour avoir marché deux fois sur la queue de son chat, et fait enrager une fois son perroquet. »

La plus intéressante de tous, aux yeux de Mannering, était la pauvre fille, l'humble compagne et le souffre-douleur des caprices et de la mauvaise humeur de la défunte. Amenée pour la forme par la femme de chambre favorite ; elle s'était réfugiée dans un coin, d'où elle voyait d'un œil interdit les recherches indiscrettes des étrangers dans des tiroirs qu'elle regardait depuis son enfance comme sacrés. Tous les prétendants, excepté l'honnête Dinmont, la regardaient de travers, ne voyant en elle qu'un compétiteur formidable qui devait diminuer les chances de la succession. Elle était cependant la seule personne dont la figure fût empreinte d'un chagrin réel. Mistress Bertram avait été sa protectrice, quoique mue par l'égoïsme, mais sa tyrannie capricieuse était déjà oubliée par l'orpheline qui fondait en larmes, et se trouvait sans amis et sans ressources. « Il y a beaucoup d'eau salée, Drumquag, dit le marchand de tabac à l'ex-propriétaire, cela ne présage rien de bon. L'on pleure rarement de la sorte, sans savoir pourquoi. » M. Mac-Casquil ne répondit que par un signe de tête, voulant conserver de la dignité devant M. Pleydell et le colonel Mannering.

— Ce serait bien étonnant après tout qu'il n'y eût point de testament, dit à l'homme d'affaires Dinmont qui commençait à s'impatienter.

— Un moment de patience, s'il vous plaît ; c'était une bonne et prudente dame, que mistress Marguerite Bertram, une bonne et prudente dame qui jugeait sagement et qui savait choisir ses amis et ses dépositaires. Elle aura confié à un ami sûr son testament ou plutôt ses dispositions *mortis causâ*.

— Je gagerais ma tête qu'il l'a dans sa poche, dit tout bas Pleydell au colonel ; allons, monsieur, abrégeons ; voici un testament qui date de quelques années, par lequel elle laisse ses biens de Singleside à Lucy Bertram d'Ellangowan. (La consternation fut générale dans l'assemblée.) Maintenant, M. Protocole, apprenez-nous s'il en existe un plus récent.

— Permettez, M. Pleydell. Il prit le papier des mains de l'avocat et le parcourut.

— Il a trop de sang-froid, dit Pleydell à Mannering, beaucoup trop ; il en a un autre dans sa poche.

— Qu'il le montre donc, répondit le colonel dont la patience était à bout.

— Ne savez-vous pas que le chat joue avec la souris avant de la manger ? c'est pour le plaisir de tourmenter, je suppose. Eh bien, M. Protocole, que dites-vous de ce testament ?

— Qu'il est en règle, authentique et revêtu des formes légales.

— Mais qu'il est révoqué par un autre d'une date plus récente, et qui est en votre pouvoir, n'est-ce pas ?

— C'est quelque chose comme cela, M. Pleydell. A ces mots il tira de sa poche un paquet attaché avec des rubans et scellé à chaque nœud et ligature par un cachet noir. — Le testament que vous produisez,

M. Pleydell, est daté du premier Juin 17.... mais celui-ci (il rompt les cachets et déplie lentement le papier) est du 20... non je lis du 21 Avril de la présente année ; il est donc postérieur de dix ans...

— Que le diable l'emporte, la vieille coquine! dit l'avocat, c'est justement dans le mois où les malheurs d'Ellangowan furent généralement connus ici. Mais écoutons ses dernières volontés.

M. Protocole, ayant reclamé du silence, se mit à lire le testament d'une voix lente, haute et intelligible. Hogarth aurait pu trouver des modèles dans le grouppe qui l'entourait: chacun était alternativement agité par la crainte et l'espérance, et cherchait à démêler les intentions de la défunte au milieu des termes techniques dont elles étaient embarrassées.

Elles trompèrent l'attente générale. « Elle disposait des domaines et biens de Singleside avec les terres de Lowerless, Lyalone, Spinter's Knowe, etc. en faveur de (ici le son de voix du lecteur devint doux et flûté) Pierre Protocole, notaire, ayant une confiance pleine et entière en sa capacité et son intégrité, (ma digne amie a insisté sur l'insertion de ces mots) mais seulement en FIDÉI-COMMIS (ici le lecteur reprit son premier ton, et les visages des auditeurs qui avaient atteint une longueur que M. Mortcloke aurait enviée, se raccourcirent visiblement) en fidéicommis et pour les usages, fins et desseins ci-après mentionnés. »

C'était dans ces « usages, fins et desseins » qu'était le principal nœud de l'affaire. La testatrice établissait d'abord qu'elle descendait en ligne directe de l'ancienne maison d'Ellangowan par son respectable bisayeul, Andrew Bertram, premier de Singleside, d'heureuse mémoire, qui était le second fils d'Allan Bertram, cinquantième baron d'Ellangowan. Elle disait ensuite qu'Henri Bertram, fils et héritier de Godfroy Bertram d'Ellangowan avait été enlevé à ses parents dans son enfance, mais qu'elle, testatrice, *était bien assurée qu'il était encore vivant dans les pays étrangers, et que, par la providence divine, il serait rétabli dans les possessions de ses an-*

cêtres, lequel cas echéant ledit Pierre Protocole était tenu et obligé, comme il s'y était obligé lui-même en acceptant le présent testament, de se dépouiller des terres de Singleside et autres, et de tous les autres effets et dépendances, en faveur du dit Henry Bertram, à son retour en Ecosse, sauf une gratification proportionnée à ses peines. Pendant le temps de sa résidence dans les pays étrangers, ou dans le cas où il ne retournerait jamais en Ecosse, M. Protocole devait partager les revenus des biens, déduction faite de ses honoraires, entre quatre établissements de charité désignés dans le testament. Tous les pouvoirs d'un propriétaire étaient accordés au fidéi-commis, et en cas de mort, à d'autres personnes désignées dans le testament sus-dit. Il n'y avait que deux legs; l'un de cent livres à sa femme de chambre favorite; l'autre de la même somme à Jeanette Gibson qui, selon le testament, avait été élevée par la charité de la donatrice : laquelle somme devait être appliquée à lui apprendre un métier honnête.

Une

Une disposition de main-morte s'appelle, en Ecosse, une *mortification*, et dans une grande ville, à Aberdeen je crois, il y a un magistrat chargé de veiller sur ces legs, qu'on appelle le Maître des Mortifications. On pourrait croire que l'origine de ce terme est tirée de l'effet que produisent de semblables dispositions sur les parents qui ont quelque droit aux héritages. La mortification ne fut pas peu sensible pour ceux qui entendirent des dispositions si inattendues. La lecture terminée, il y eut un profond silence.

M. Pleydell le rompit. Il regarda le testament et s'étant assuré qu'il était parfaitement en règle, il le rendit sans faire aucune observation, et dit seulement tout bas à Mannering : — Protocole n'est pas plus fripon qu'un autre ; mais d'après le testament de cette vieille dame, s'il ne le devient pas, ce ne sera pas faute de tentation.

— Je crois vraiment, dit M. Mac-Casquil de Drumquag, qui ayant eu la patience de retenir la moitié de sa mauvaise humeur, fut obligé d'exhaler l'autre moitié, je crois que ceci est un cas extraordinaire. Sans doute M. Protocole qui se trouve seul et illimité fidéi-commis, a dû être consulté ; j'aimerais donc à savoir de lui, quelle raison avait mistress Bertram de croire à l'existence d'un enfant qu'on sait avoir été assassiné depuis maintes années.

— En vérité, monsieur, dit Protocole, il me serait difficile de vous en expliquer les motifs, plus qu'elle ne l'a fait elle-même. Notre défunte amie était une excellente femme, une dame pieuse ; elle pouvait avoir des raisons de penser que l'enfant était vivant, qui ne sont pas venues à notre connaissance.

— Oh ! dit le marchand de tabac, je sais fort bien quelles étaient ces raisons. Voilà mistress Rebecca (la femme de chambre) qui m'a dit cent fois dans ma boutique, qu'elle ne savait pas comment sa maîtresse avait arrangé ses affaires, depuis qu'une vieille bohémienne du Gilsland lui avait fourré dans la tête que... n'est-ce pas Harry Bertram qu'on l'appelait ? reviendrait un jour. Vous ne nierez pas cela, mistress

Rebecca ? Quoique vous ayez oublié de parler en ma faveur à votre maîtresse, comme vous me le promettiez toutes les fois que je vous donnais une demi-couronne : vous ne nierez pas ce que j'avance, j'espère ?

— Je ne sais rien de tout cela, répondit avec aigreur Rebecca en le regardant fixément, et avec la fermeté de quelqu'un qui ne veut pas se souvenir d'une chose qui ne lui est pas agréable.

— Bien dit, Rebecca, vous êtes satisfaite de votre lot, répliqua le marchand de tabac.

Le fat de la seconde classe, car ce n'était pas un fat distingué, s'était contenté jusque là de battre ses bottes avec sa cravache, semblable à un enfant à qui l'on a enlevé ses joujets. Ses murmures étaient à peine intelligibles, il ne se parlait qu'à lui-même. — Cela me défrise, Goddam ! je me suis donné un mal pour elle... je quittai un soir King et Will Hack, les coureurs du duc, pour venir prendre du thé avec elle, Goddam ! tandis que je me serais bien amusé à la course des chevaux. Ne pas me laisser au moins cent livres?

— Je paierai tous les frais, dit M. Protocole qui voulait diminuer l'odieux que les dispositions de ce testament semblaient avoir jeté sur lui. Maintenant, messieurs, je crois que nous n'avons plus rien à faire ici. Demain chacun pourra venir lire chez moi le testament de ma digne et excellente amie, et en tirer un extrait. Il commença alors à fermer les tiroirs avec plus de rapidité qu'ils ne les avait ouverts. Mistress Rebecca, vous aurez soin que tout soit en ordre ici, jusqu'à ce que nous ayons loué la maison; on m'a fait des offres ce matin, dans le cas où j'aurais la direction des affaires.

Notre ami Dinmont, qui avait vu comme les autres ses espérances s'évanouir, était resté assis sur la grande chaise à bras de la défunte, qui n'aurait pas été peu scandalisée d'y voir se balancer le colosse masculin. Il s'occupait à rouler et à dérouler autour de son bras la longue corde de son fouet. Les premiers mots qui sortirent de sa bouche lorsqu'il eut digéré cette mortification, furent une déclaration magnanime, que probablement il ne crut pas prononcer à haute voix : « Au reste, c'était mon sang, et je ne regrette ni mes fromages ni mes jambons. » Mais lorsque M. Protocole eut donné le signal du départ et parlé de louer la maison, l'honnête Dinmont se leva et étonna l'assemblée par cette question imprévue : « Que deviendra la pauvre Jenny Gibson ? Entre nous tous, avant de nous séparer, nous devons faire quelque chose pour elle. » Cette proposition, mieux que l'invitation de M. Protocole, qui avait trouvé les assistans encore indécis autour du tombeau de leurs espérances, les détermina à évacuer la maison. Drumquag dit, ou plutôt murmura, qu'il avait une famille, et en vertu de sa noble extraction, il partit le premier. Le marchand de tabac dit qu'elle en avait bien assez, et que d'ailleurs c'était à l'exécuteur testamentaire à se charger d'elle ; et après avoir donné son opinion d'un ton de voix ferme et décisif, il quitta la place. Le petit-maître fit une basse et grossière plaisanterie, sur le métier honnête que mistress Bertram recommandait de lui faire apprendre; mais ayant rencontré le regard foudroyant du colonel Mannering, vers qui il s'était tourné, dans son ignorance du ton de la bonne société, pour provoquer son applaudissement, il en fut si confus, qu'il enfila de suite l'escalier.

Protocole, qui dans le fond était un brave homme, exprima l'intention d'en prendre soin momentanément, mais en ajoutant qu'il ne le faisait que par charité. Alors Dinmont ayant secoué sa grande redingotte grise, comme un chien de Terre Neuve secoue son poil, lorsqu'il sort de l'eau, s'écria: Que le diable m'emporte, si elle vous cause le moindre embarras, M. Protocole, pourvu qu'elle veuille venir avec moi. Ailie et moi, voyez-vous, nous voudrions que nos filles en sussent un peu plus que nous, et autant que nos voisines. Cette demoiselle doit savoir manier l'aiguille, lire et bien d'autres choses que l'on apprend auprès d'une grande dame comme lady Singleside. Et puis, si elle ne sait rien de tout cela, nos enfans ne l'en aimeront pas moins. Nous aurons soin d'elle, elle vous confiera l'argent qu'elle peut avoir et les cent livres qui lui reviennent de la succession ; et j'y ajouterai tous les ans quelque chose, jusqu'à ce qu'elle trouve un brave garçon de Liddesdale, à qui il manque un appoint pour acheter une terre. Que dites-vous de cela, belle enfant ? Vous irez avec la voiture publique jusqu'à Jeddart; mais de là vous ferez le reste du chemin à cheval jusque chez nous, car du diable si une voiture passerait dans la vallée de Liddesdale. Si mistress Rebecca voulait nous faire plaisir, ce serait de venir passer un mois ou deux avec nous, jusqu'à ce que vous fussiez bien accoutumée.

Tandis que mistress Rebecca le remerciait par une révérence, qu'elle engageait la jeune orpheline à en faire autant au lieu de se lamenter, et que Dinmont les encourageait d'une manière brusque et franche, Pleydell eut recours à sa tabatière,

Il me semble en voyant ce brave homme, dit-il, que je mange et je bois de bon appétit. Allons, il faut que je lui procure un nouveau plaisir, en l'aidant à se ruiner. Eh! Liddesdale, Dandie, Charlies-hope, comment vous nommez-vous ?

Le fermier se retourna, infiniment charmé que Pleydell lui adressât la parole ; car après son propriétaire, un avocat était la personne qu'il honorait le plus.

— Vous n'avez donc pas renoncé à ce procès sur vos limites ?

— N... non, monsieur ; personne n'aime à perdre ses droits, ni à faire rire à ses dépens. Mais puisque votre honneur ne veut pas s'en charger, étant peut-être l'avocat de la partie adverse, il faudra bien que je m'adresse à un autre.

— Je vous le disais bien, colonel Mannering. Puisqu'on ne peut donc pas vous guérir de votre folie, je vous donnerai le plaisir d'un procès avec le moins de dépenses possibles, et si je puis, je vous le ferai gagner. Que M. Protocole m'envoie vos papiers, je le dirigerai dans cette affaire. Je ne vois pas après tout pourquoi vous n'intenteriez pas un procès devant la cour d'assises pour une cause qui aurai déjà fait verser bien du sang à vos pères.

— C'est très-naturel, monsieur, et si la loi ne nous rendait pas justice, nous nous la rendrions nous-mêmes. D'ailleurs, dans le pays, lorsqu'un homme a paru devant les juges, il n'en est que mieux vu.

— Bien raisonné, mon ami, allons adieu, et envoyez-moi vos papiers. Partons, colonel, nous n'avons plus rien à faire ici.

— Maintenant nous verrons un peu comment se conduira Jock de Dawstoncleugh, dit Dinmont en se frappant la cuisse d'un air de contentement.

CHAPITRE VIII.

Allons, prenez ce sac et venez au palais.
Si vous avez encor un, deux ou trois procès,
Soyez court, dites-moi sans délai vos affaires,
Et d'avance surtout payez mes honoraires.

Le petit avocat français.

— Croyez-vous gagner la cause de cet honnête fermier ? dit Mannering.

— Je n'en sais trop rien, ce n'est pas toujours le plus fort qui gagne la victoire, mais, si nous pouvons, nous le ferons triompher de Jock de Dawston. Le pire de notre profession, c'est que nous ne voyons jamais le bon côté de la nature humaine. Ils arrivent chez nous hérissés de prévention et d'animosités, comme des chevaux ferrés à glace. J'ai vu souvent entrer dans mon cabinet des gens que d'abord j'aurais été tenté de jeter par la fenêtre ; mais ensuite je ne pouvais m'empêcher d'avouer que j'aurais agi comme eux, si j'avais été égaré par la colère. Je me suis assuré que si notre profession nous montre plus souvent la folie et la méchanceté des hommes, c'est qu'elle est, pour ainsi dire, le canal où elles affluent en plus grande abondance. La jurisprudence est la cheminée par où s'échappe la fumée qui remplirait l'appartement ; il n'est donc pas étonnant qu'elle soit quelquefois pleine de suie. Nous aurons soin que la cause de notre fermier de Liddesdale soit terminée avec le moins de frais possibles, car il faut qu'il ait sa pomme de pin à juste prix.

— Voulez-vous me faire le plaisir, dit Mannering, au moment où ils se séparaient, de venir dîner avec moi ? Mon hôte m'a promis un bon morceau de venaison, et de l'excellent vin.

— De la venaison ? mais non, c'est impossible. Le lundi est un jour sacré, le mardi de même ; mercredi, nous devons être entendu dans une cause majeure. Mais... il fait froid ; si vous ne quittez pas de sitôt la ville, et si la venaison pouvait se garder jusqu'à jeudi....

— Je puis donc compter sur vous ce jour-là ?

— Je vous en donne ma parole.

— Eh bien, j'éxécuterai mon dessein de passer une semaine à Edimbourg, et si la venaison ne peut pas se garder, nous verrons ce que notre hôte nous donnera.

— Oh ! elle se gardera, dit Pleydell; allons, adieu: Voici quelques lettres que vous remettrez à leur adresse, je les ai écrites pour vous ce matin. Adieu donc : mon clerc m'attend à cette heure pour commencer une maudite information. M. Pleydell le quitta et enfila rapidement, pour atteindre High-Street, les allées couvertes et les escaliers qui étaient à la route ordinaire ce qu'est le détroit de Magellan, à la route plus longue, mais plus facile, du cap Horn.

Lorsque Mannering parcourut les adresses des lettres de recommandation que Pleydell lui avait remises, il fut vivement satisfait d'y reconnaître les noms des premiers littérateurs de l'Ecosse ; David Hume, écuyer, John Home, le docteur Ferguson

guson ; le docteur Black ; lord Kaimes ; M. Hutton, John Clerk d'Eldin, Adam Smith ; le docteur Robertson.

« Sur ma parole, mon ami l'avocat a des connaissances distinguées. Tous ces noms sont avantageusement connus ; un militaire récemment arrivé des Indes doit rassembler ses facultés intellectuelles et mettre de l'ordre dans ses idées avant de se présenter dans leur société. »

Mannering fit usage de ces lettres, mais nous regrettons de ne pouvoir pas faire connaître au lecteur le plaisir qu'il goûta, lorsqu'il fut admis dans un cercle où brillaient tant d'hommes d'un rare talent.

Le jeudi, M. Pleydell se rendit à l'auberge de Mannering. La venaison était bien apprêtée, le vin de Bordeaux excellent, et l'avocat, savant amateur des mets choisis, fit honneur à tous les deux. Je ne sais cependant si la présence de Dominie ne lui fit pas plus de plaisir que la bonne chère ; car il en sut tirer tant d'amusement par la finesse de son esprit, qu'il divertit beaucoup le colonel et deux autres convives de ses amis. Les réponses graves et laconiques de Sampson aux questions insidieuses de l'avocat, présentaient à Mannering la bonhommie de son caractère sous un point de vue plus frappant qu'il ne l'avait encore remarqué. Il déploya dans cette occasion un étalage immense de connaissances abstraites, mais la plupart inutiles. Pleydell comparait sa tête au magasin d'un prêteur sur gages, rempli de marchandises de toute espèce ; mais où règne un tel désordre, qu'on ne trouve jamais l'objet dont on a besoin dans le moment.

L'avocat donna autant d'exercice à l'esprit de Sampson, qu'il trouva de plaisir dans ses réponses. Mais à mesure que le vin et la bonne chère excitaient sa causticité naturelle, Dominie le considérait avec cette surprise farouche de l'ours qui regarde pour la première fois le singe qui doit devenir son compagnon. M. Pleydell se plaisait à soutenir sérieusement un point de controverse que Dominie était disposé à combattre. Celui-ci arrangeait ses idées, rassemblait toutes ses forces pour porter en avant la lourde artillerie de ses preuves et de ces raisonnements qui devait battre en ruine la proposition hérétique ou schismatique de son adversaire; mais au moment où la foudre allait éclater, l'ennemi avait disparu, et venait le prendre en flanc ou par derrière. Dominie s'écriait : *Prodigieux*, en voyant le champ de bataille désert, et il ne lui fallait pas peu de travail pour recommencer de nouvelles manœuvres. Il ressemblait, dit le colonel, à une armée d'indiens, formidable par le nombre, mais qu'on mettait dans une déroute complette, lorsqu'on l'attaquait par le flanc. Dominie, quoique un peu fatigué de cet exercice, mit ce jour au nombre des jours heureux de sa vie, et parla toujours de M. Pleydell comme d'un homme très-instruit et très-facétieux.

Les autres convives s'étant successivement retirés, les trois amis restèrent seuls ensemble. La conversation tomba sur les arrangements de mistress Bertram. — Qui a pu faire entrer, dit Pleydell, dans la tête de cette vieille haridelle le dessein de deshériter la pauvre Lucy Bertram, sous prétexte de laisser son bien à un enfant mort depuis si long-temps? — Je vous demande pardon, M. Sampson, j'oubliais que ce sujet vous attriste; je me souviens que vous avez témoigné dans cette malheureuse affaire. — J'eus toutes les peines du monde à lui arracher trois mots de suite. Vous pouvez parler de vos Pythagoriciens et de vos Bramines silentieux, colonel, je vous dis que ce savant l'emporte sur eux dans l'art de se taire; mais les paroles du sage sont précieuses.

— Assurément, dit Dominie en s'essuyant les yeux avec son mouchoir bleu, ce fut un jour bien triste, un jour qui n'aurait jamais dû arriver; mais celui qui envoie l'affliction, envoie aussi la force de la supporter.

Le colonel saisit cette occasion pour demander à M. Pleydell des détails sur la disparution de l'enfant. L'avocat qui aimait à parler sur les affaires criminelles qu'il avait instruites, s'étendit longuement sur toutes les particularités. — Et quelle est votre opinion sur cet événement? dit le colonel.

— Que Kennedy a été assassiné : ce n'est pas le premier douanier tué par les contrebandiers.

— Quelles furent vos conjectures sur le sort de l'enfant?

— Qu'il a aussi été assassiné. Il était assez âgé pour rapporter ce qu'il avait vu. Ces scélérats ne se feraient pas scrupule d'exécuter un autre massacre des innocents, si leur sûreté l'exigeait.

Dominie poussa un long gémissement, et s'écria : *Enorme.*

— Il est aussi question des bohémiens dans cette affaire, et d'après ce qu'a dit le marchand de tabac après les funérailles...

— L'idée de mistress Marguerite Bertram que l'enfant vit encore est fondée sur le rapport d'une bohémienne. C'est une honte pour moi, colonel, de n'avoir pas tiré la même conclusion que vous. Il faut éclaircir cette affaire à l'instant. Garçon, courez chez Luckie Wood's dans

Cowgate, vous y trouverez mon clerc Driver, il y joue à High-Jinks (car nous et nos employés, colonel, sommes réguliers dans nos irrégularités), dites-lui de venir à l'instant, je me charge de ses amendes.

— Paraîtra-t-il avec son caractère.

— Allons, allons, laissons cela. Il faut que nous ayons des nouvelles de la terre d'Egypte. Oh! si je puis saisir le moindre fil de cette intrigue, comme je la débrouillerai! comme je ferai sortir la vérité de la bouche de votre bohémienne, comme disent les français, mieux qu'un monitoire ou une plainte de tournelle. Je sais manier un témoin récalcitrant.

Tandis que M. Pleydell vantait ainsi son habileté dans sa profession, le garçon rentra avec M. Driver, dont le menton huileux du jus d'un pâté de mouton, et les lèvres encore blanchies par la mousse de la bière, prouvaient avec quelle promptitude il s'était rendu aux ordres de son patron. — Driver, il faut me trouver à l'instant la femme de chambre de la vieille mistress Marguerite Bertram. Cherchez-la partout où vous voudrez, mais s'il est nécessaire d'avoir recours à Protocole, où à Quid le marchand de tabac, employez quelque femme de votre connaissance, et ayez soin de ne pas paraître vous-même ; vous en connaissez qui se feront un plaisir de vous rendre ce service. Lorsque vous l'aurez trouvée, engagez-la à venir chez moi demain matin, à huit heures précises.

— Que lui dirai-je pour la faire venir ? dit l'aide-de-camp.

— Ce que vous voudrez. Est-ce mon affaire de vous fabriquer des mensonges ? mais qu'elle soit *in presentiâ* à huit heures, comme je vous l'ai dit. Le clerc fit une grimace, salua et sortit.

— C'est un garçon intelligent, dit l'avocat ; je ne crois pas qu'il ait son pareil pour bien suivre un procès. Il écrirait sous ma dictée trois nuits par semaine sans dormir, ou, ce qui est la même chose, il écrit aussi correctement endormi qu'éveillé. Il n'est pas de ces clercs inconstants qui, changeant tous les jours de cabaret, font courir vingt personnes après eux pour les attraper. Établi chez Luckie Wood's, il y passe l'hiver au coin du feu, et l'été près de la fenêtre. Voilà tous ses voyages, et lorsqu'il n'est pas occupé, on est sûr de l'y trouver. Je crois que jamais il ne se déshabille ni ne se couche; la bière lui tient lieu de tout, de manger, de boire, de vêtements, de lit et même de bain.

— Avec ce train de vie, il me semble qu'il ne doit pas être toujours prêt à se mettre au travail, surtout lorsqu'il est appelé tout-à-coup.

— La boisson ne le trouble jamais, colonel; il écrit encore plusieurs heures après qu'il a perdu la parole. Je me souviens de l'avoir fait venir pour une affaire pressée; j'avais bien dîné, c'était un samedi soir, et j'étais de mauvaise humeur; mais il s'agissait d'un appel, cas pressant. L'on vint me trouver chez Clerihug et l'on me détermina à me mettre au travail. Il fallut envoyer chercher Driver. Deux hommes nous l'apportèrent mort-ivre, sans voix comme sans mouvement. Mais à peine l'eut-on placé sur une chaise devant une table, son papier devant lui, une plume entre les doigts, qu'il se mit à écrire à ma voix. Il est vrai qu'il fallait avoir soin de tremper sa plume dans l'encre, il ne voyait pas l'écritoire. Cependant je n'ai jamais vu un morceau d'écriture plus lisible.

— Mais le lendemain matin en eutes-vous la même opinion? dit le colonel.

— Sans doute, il n'y eut pas trois mots à changer; je le fis partir par la poste le même jour. Vous viendrez déjeûner avec moi demain matin, et nous entendrons cette femme.

— Vous déjeûnez de bon matin.

— Je ne puis le faire plus tard. Si je n'étais pas au tribunal à neuf heures précises, on ferait courir le bruit que j'ai eu une attaque d'apoplexie, et je m'en ressentirais tout le reste de la session.

— Je ferai un effort pour m'y rendre.

Ici la compagnie se sépara.

Le lendemain matin, le colonel Mannering parut dans la chambre de l'avocat, en maudissant la fraîcheur des matinées de l'Ecosse au mois de Décembre. M. Pleydell avait installé mistress Rebecca auprès d'un bon feu et la regalait d'une tasse de chocolat. La conversation était déjà animée. — Je vous assure, mistress Rebecca, que l'on n'a nulle intention de faire casser le testament de votre maîtresse : je vous donne ma parole d'honneur que vous ne pouvez perdre votre legs. Vous l'avez mérité par votre conduite à son égard, et je voudrais qu'il fût du double.

— Mais, monsieur, ce n'est pas bien de redire ce que l'on a appris. Vous avez entendu quels mauvais complimens m'a faits ce rustre de Quid, et cela pour quelques propos vagues que je lui ai tenus. Si je découvrais tout à votre honneur, qui sait ce qui m'en arriverait ?

— Mon caractère et mon âge doivent vous inspirer une parfaite sécurité.

— Puisque votre honneur pense que je n'ai rien à craindre, voici l'histoire :

Il y a environ un an ou à peu-près que l'on conseilla à milady d'aller passer quelque temps dans le Gilsland pour dissiper sa mélancolie. Les malheurs d'Ellangowan commençaient à être connus dans le monde, et cela l'affligeait beaucoup, parce qu'elle était fière de sa famille. Cependant elle se brouillait souvent avec lui ; et elle l'était même depuis trois ans ; car il lui demandait toujours de l'argent à emprunter, et ne le rendait jamais. Comme elle n'aimait guères à prêter, ils étaient assez mal ensemble. Quelqu'un lui dit dans le Gilsland que les biens d'Ellangowan alaient être mis en vente. Il lui prit alors une antipathie contre miss Lucy. Elle me répétait souvent : « O Becky, Becky ! si cette petite sotte qui ne peut empêcher son père de faire des folies, était un garçon ; on ne pourrait pas vendre ce vieil héritage pour payer les dettes de cet insensé... » Elle me répétait si souvent ces plaintes, que j'en étais ennuyée. Un jour, en nous promenant au bord d'une rivière, elle vit un grouppe nombreux d'enfans qui appartenaient tous à un nommé Mac-Crosky. « N'est-ce pas une chose digne de pitié, me dit-elle, que le plus vil paysan ait un fils et un héritier, et que la maison d'Ellangowan soit privée d'un descendant mâle ? » Derrière nous se trouvait une vieille bohémienne ; c'était bien la femme la plus effrayante que j'aie jamais vue. « Qui ose dire, s'écria-t-elle, que la maison d'Ellangowan périra faute d'héritier mâle ? » Ma maîtresse était courageuse et avait la repartie prompte ; elle se retourna, « C'est moi, répondit-elle, et c'est ce qui me fend le cœur. » La bohémienne lui prit la main. « Je vous connais, lui dit-elle, quoique vous ne me connaissiez pas. Mais aussi sûr que le soleil brille dans le ciel, que cette eau coule vers la mer, qu'il y a un œil qui nous voit et une oreille qui nous entend, Harry Bertram, qu'on croit avoir péri à la pointe de Warroch, n'est point mort. Il avait de grands dangers à courir jusqu'après ses vingt-un ans accomplis, selon la prédiction qui lui fut faite. Si vous et moi nous vivons, avant que la neige ait couvert deux fois le rocher de Singleside, vous entendrez parler de lui. Je n'ai pas besoin de votre argent, ajouta-t-elle, vous croiriez que je veux vous fasciner les yeux. Adieu, jusqu'après la Saint-Martin, » et elle nous quitta.

— N'est-ce pas une femme très-grande ? interrompit Mannering.

— N'avait-elle pas les yeux et les cheveux noirs, et une cicatrice sur le front ? ajouta l'avocat.

— C'était la femme la plus grande que j'eusse jamais vue, ses cheveux étaient noirs comme du jai ; seulement ils commençaient à grisonner ; et sur son front, on voyait une cicatrice où vous auriez pu placer votre doigt. Quelqu'un qui l'a vue une fois, ne l'oubliera jamais. Je crois être certaine que c'est d'après les paroles de la bohémienne que ma maîtresse a fait son testament, car elle eut dès lors de l'aversion pour miss Bertram ; mais ce dégoût s'accrut, lorsqu'elle fut obligée de lui envoyer 20 livres sterling. Elle ne cessait de dire que non contente de laisser passer les biens d'Ellangowan dans des mains étrangères à cause de son sexe, miss Bertram serait encore par sa pauvreté à charge aux Singleside. Cependant j'espère que le testament de ma maîtresse sera valable, car il serait bien fâcheux pour moi de perdre mon legs : je la servais pour si peu de chose, je vous assure.

L'avocat calma ses craintes et lui demanda des nouvelles de Jenny Gibson : il apprit qu'elle avait accepté l'offre de M. Dinmont. — J'en ai fait autant, ajouta mistress Rebecca, n'ayant pas voulu me refuser à son honnêteté. Ce sont de braves gens, ces Dinmont, quoique ma maîtresse n'aimât pas beaucoup à entendre parler de cette parenté. Mais elle ne haïssait pas les jambons, les fromages et les canards de Charlies-hope, ainsi que les chaussons et les mitaines.

M. Pleydell, après avoir renvoyé Rebecca, dit : — Je crois que je connais cette égyptienne.

— J'allais vous en dire autant, répondit Mannering.

— Et son nom ?....

— Est Meg Merrilies.

— Comment le savez-vous ? dit Pleydell en regardant le colonel avec une surprise comique.

Le colonel répondit qu'il avait connu cette femme à Ellangowan, vingt-cinq ans auparavant, et il conta à son ami le récit de toutes les circonstances de la première visite qu'il y fit.

M. Pleydell, après l'avoir écouté avec attention, lui dit : — Je me félicitais d'avoir fait connaissance d'un profond théologien dans votre chapelain, mais je ne m'attendais pas de trouver dans son patron un élève d'Albumazar ou de Messahala. Je crois cependant que la bohémienne a appris par d'autres moyens que l'astrologie ou la seconde vue (*) ce qu'elle sait au

---

(*) Don de connaître l'avenir que le bas peuple écossais croit être accordé à certaines personnes privilégiées.

sujet de l'enfant, je l'ai eue entre les mains sans pouvoir en tirer un seul mot ; mais je vais écrire à Mac-Morlan qu'il remue ciel et terre pour la trouver. Je me ferai un plaisir d'assister à son interrogatoire, car je suis encore juge de paix du comté. Je n'ai jamais rien eu plus à cœur que de connaître les auteurs du meurtre et la destinée de l'enfant. Je vais aussi écrire au shérif de Roxburghshire, et à un juge de paix très-actif dans le Cumberland.

— J'espère que lorsque vous arriverez dans nos contrées, vous fixerez votre quartier général à Woodbourne.

— Certainement: je craignais que vous ne me le défendissiez. Mais déjeûnons, car je courrais le risque d'arriver trop tard.

Le jour suivant, les nouveaux amis se séparèrent, et le colonel rejoignit sa famille, sans qu'il lui arrivât rien qui soit digne d'être rapporté.

CHAPITRE IX.

Tout repos, tout asyle est-il perdu pour moi ?
Trouverai-je partout la terreur et l'effroi ?
Quelle route suis-tu, trop malheureux jeune
   homme ?
Elle mène à la mort......

Les Femmes Contentes.

Le fil de notre narration nous ramène pour un moment à l'époque où le jeune Hazlewood fut blessé. Cet accident ne fut pas plutôt arrivé, que les suites fâcheuses qui pourraient en résulter pour miss Mannering et pour lui même se présentèrent en foule à l'esprit de Brown. De la manière dont le canon du fusil était dirigé, il ne craignait pas que les conséquences devinssent fatales. Mais avant tout, il lui importait d'éviter d'être arrêté en pays étranger, dans un moment où il ne pouvait prouver son grade d'officier. Il résolut de se retirer sur la côte d'Angleterre la plus voisine, et d'y demeurer caché jusqu'à ce qu'il eût reçu des nouvelles de son régiment et de l'argent de son homme d'affaires. Alors, en reprenant son rang, il se proposait d'offrir au jeune Hazlewood et à ses amis, toutes les explications et les satisfactions qu'ils pourraient désirer. Dans ce dessein, il s'éloigna rapidement de l'endroit, où venait de se passer le fatal accident, et arriva sans autre aventure à la petite ville que nous avons appelée Portanferry, mais que le lecteur chercherait en vain sur la carte du pays. Un grand bateau était prêt à faire voile pour le petit port d'Allonby, dans le Cumberland. Brown s'y embarqua et se détermina à se fixer dans ce pays, jusqu'à ce qu'il eût reçu d'Angleterre des lettres et de l'argent.

Dans ce petit voyage, il entra en conversation avec le patron, qui était aussi le propriétaire de la barque. C'était un vieillard jovial qui, comme tous les pêcheurs de cette côte, s'était parfois occupé de contrebande. Après avoir parlé d'objets de peu d'intérêt, Brown fit tomber l'entretien sur la famille Mannering. Le marin avait entendu parler de l'attaque de la maison de Woodbourne; mais il désapprouvait la conduite des contrebandiers.

— Qu'y gagneront-ils ? ils soulèveront tout le pays contr'eux. Non, non; lorsque je faisais ce métier, je jouais franc jeu avec les douaniers. Un jour, ils me prenaient une cargaison.... Fort bien, c'était leur profit. Un autre, ils m'en laissaient passer une... c'était le mien. Non, non, les loups ne se mangent pas entr'eux.

— Et ce colonel Mannering ?

— Ma foi, il n'a pas été sage de se mêler de cette affaire. Il n'est cependant pas blâmable d'avoir sauvé la vie des douaniers. Mais convient-il à un gentilhomme de se battre avec de pauvres diables, pour leur faire perdre quelques tonneaux de thé et d'eau-de-vie. Néanmoins c'est un homme courageux et un brave officier, qui fait tout ce qu'il veut avec des gens comme nous.

— Et sa fille ? dit Brown avec un battement de cœur, on dit qu'elle va épouser un jeune homme d'une illustre famille.

Un Hazlewood ? non, non, c'est un bavardage. Chaque dimanche, le jeune homme accompagne à cheval la fille du feu lord d'Ellangowan, et ma fille Peggy qui sert à Woodbourne dit qu'elle est certaine qu'il ne pense pas plus que vous à miss Mannering.

Il maudit alors la précipitation avec laquelle il avait cru le contraire et il apprit avec délices que ses soupçons sur la fidélité de Julie étaient sans fondement. Que devait-elle penser se disait-il, de sa conduite inconsidérée qui avait si peu ménagé sa sensibilité et leurs intérêts mutuels ? Les rapports du vieillard avec la maison de Woodbourne lui offriraient un moyen sûr de correspondance qu'il résolut d'employer.

— Votre fille est en service à Woodbourne ? J'ai connu miss Mannering dans l'Inde, et quoique vous me voyez dans une situation bien inférieure à la sienne, j'ai quelque raison d'espérer qu'elle s'intéresserait à mon sort. J'ai eu une malheureuse querelle avec son père, qui était mon colonel, et je suis sûr qu'elle tâcherait de me réconcilier avec lui ; votre fille pourrait peut-être lui remettre une lettre, à l'insu de son père pour ne pas l'exposer à ses reproches ? Le vieillard promit que la lettre serait remise avec autant de discrétion que de fidélité. Dès qu'ils furent arrivés à Allonby, Brown écrivit à miss Mannering. Il lui témoigna les plus grands regrets de sa précipitation, la suppliant de lui fournir les moyens de plaider lui-même sa cause, pour obtenir le pardon de son imprudence. Il ne crut pas devoir entrer dans les détails des apparences qui l'avaient trompé, et mit dans ses expressions une telle ambiguité, que si la lettre venait à tomber en mauvaises mains, on n'aurait pu ni en comprendre le vrai sens, ni en reconnaitre l'auteur. Le vieillard se chargea de la remettre fidèlement à sa fille à Woodbourne, et comme son commerce devait bientôt le ramener à Allonby, il promit d'apporter la réponse, si la demoiselle voulait lui en confier une.

Notre voyageur persécuté prit un logement convenable à sa détresse momentanée et à son désir de n'être pas remarqué. Dans cette vue, il prit le nom et la profession de son ami Dudley; il savait assez bien manier le pinceau pour que son hôte ne conçût aucun doute à cet égard. Il disait attendre ses effets de Wigton, et vivant dans la retraite pour n'être pas observé, il attendit la réponse aux lettres qu'il avait envoyées à son agent, à Delaserre et à son lieutenant-colonel. Il avait demandé au premier de l'argent; il conjurait son ami de venir le joindre le plutôt possible; et il priait son commandant de lui faire parvenir un certificat qui constatât son grade et la conduite qu'il avait tenue au régiment, pour prouver à la fois son rang et sa moralité. Le mauvais état de ses finances l'affectait si vivement, qu'il écrivit à Dinmont pour le prier de lui prêter un légère somme : ne doutant pas que, puisqu'il n'en était éloigné que de 60 ou 70 milles, il ne reçût bientôt une réponse favorable, surtout en lui disant qu'il avait été volé après leur séparation. Il attendit ensuite avec impatiance, mais avec sécurité les réponses à ces diverses lettres.

Nous devons dire pour excuser ses correspondants, que la poste était alors beaucoup plus tardive que depuis les inventions ingénieuses de M. Palmer. Quant à l'honnête Dinmont, comme il recevait rarement plus d'une lettre par trimestre (excepté lorsqu'il était engagé dans quelque procès, et alors il envoyait régulièrement chercher ses paquets), il laissait toujours, pendant un mois ou deux, sa correspondance dormir dans la boîte du maître de poste, au milieu des pamphlets, des épiceries, des gazettes et des chansons, selon le commerce auquel celui-ci se livrait. D'ailleurs, c'était alors la coutume, qui n'est pas tout-à-fait abolie, que pour envoyer une lettre à 30 milles, on lui en faisait parcourir 200 ; ce qui avait le triple avantage de faire prendre l'air à l'épître, d'ajouter quelques sous aux revenus de la poste et d'exercer la patience des correspondants. Grace à ces diverses circonstances, Brown demeura plusieurs jours à Allonby sans recevoir de réponse, et sa bourse, quoique ménagée avec économie, était presque vide, lorsqu'un jeune pêcheur lui apporta la lettre suivante :

« Vous avez agi avec la plus cruelle indiscrétion, et vous m'avez prouvé combien peu je dois ajouter de foi aux protestations que vous me faisiez, que rien ne vous était plus cher que mon bonheur et ma tranquillité. Votre inexcusable emportement a failli coûter la vie à un jeune homme plein d'honneur et de vertu. Faut-il vous en dire d'avantage ? Ajouterai-je que j'ai été moi-même fort malade des suites de votre violence ? Hélas ! dois-je vous dire encore combien j'ai été inquiète des conséquences qu'elle pouvait avoir pour vous, quoique vous m'ayez donné bien peu de sujets de m'y intéresser ? Le C. est absent pour quelques jours ; M. H. est presque entièrement rétabli, et je crois avec quelque raison que les soupçons planent sur d'autres que sur celui qui les mérite. Ne pensez pas à paraître
ici

ici. Notre liaison a été traversée par des accidents d'une nature trop violente, pour penser à la renouer, tandis qu'elle est menacée des catastrophes les plus effrayantes. Adieu donc, et croyez que personne ne désire plus vivement votre bonheur que

J. M. »

Cette lettre contenait ces espèces d'avis qu'on donne souvent, de manière que ceux qui les reçoivent fassent directement le contraire. Ce fut au moins la pensée de Brown, qui demanda aussitôt au jeune pêcheur, s'il venait de Portanferry.

— Oui, je suis le fils du vieux Willie Johnstone, et je tiens cette lettre de ma sœur Peggy qui est blanchisseuse à Woodbourne.

— Quand partez-vous, mon ami ?

— A la marée prochaine.

— Je retournerai avec vous ; mais je ne veux pas aller jusqu'à Portanferry, vous me débarquerez quelque part avant d'y arriver.

— C'est-très facile, dit le jeune garçon.

Quoique tout fût à bon marché dans cet endroit, Brown, après avoir acheté quelques provisions, acquitté le mémoire de son hôte, et s'être pourvu d'un nouvel habillement, autant pour sa sûreté que pour se présenter dans un état décent, aperçut le fond de sa bourse. Il recommanda au bureau de la poste de renvoyer ses lettres à Kippletringan, où il résolut d'aller reclamer le trésor qu'il avait laissé entre les mains de mistress Mac-Candlish. Il réfléchit qu'il était de son devoir de reprendre son rang, dès que les lettres qu'il attendait lui en auraient fourni les moyens, et de se présenter au jeune Hazlewood, comme officier au service du Roi, pour lui donner et en recevoir toutes les satisfactions convenables. « Si ce n'est pas une mauvaise tête, pensait-il, il n'attribuera l'accident qui lui est arrivé qu'à sa propre conduite envers moi. »

Le voilà donc encore une fois embarqué dans le détroit de Solway. Le vent était contraire, accompagné de quelques grains

de pluie, et la marée ne les favorisait
guères. Le bateau, chargé de marchandises dont une bonne partie devait être
de contrebande, tirait beaucoup d'eau.
Brown élevé par des matelots, manœuvrant avec la vigueur qu'on devait attendre de ses formes athlétiques, se rendit
d'un puissant secours, autant dans le maniement des rames que du gouvernail. Un
vent impétueux, opposé au cours de
la marée, rendait cette navigation difficile.
Enfin après avoir lutté toute la nuit contre les courants et la tempête, ils se
trouvèrent au point du jour en face d'une
baie agréable, sur la côte d'Ecosse. Le
temps était plus calme, la neige était entièrement fondue ; cependant on voyait
dans l'éloignement les montagnes plus élevées conserver leur blanche parure. Toute
la plaine était dépouillée, excepté dans
quelques endroits plus profonds où la
neige s'était amoncelée. Malgré la rigueur
de l'hiver, le rivage offrait un coup d'œil
intéressant. La côte avec ses sinuosités,
ses enfoncements, ses caps, ses baies,

offrait des aspects si variés, si pittoresques, que l'œil se plaisait à en parcourir toute l'étendue. Là, des rochers taillés à pic opposaient leurs flancs escarpés aux vagues qui venaient follement s'y briser; ici le rivage s'élevait en pente douce, sur laquelle de nombreux édifices réfléchissaient les pâles rayons d'un soleil d'hiver. Les bois, quoique dépouillés de leurs feuilles, ornaient encore ce paysage. Brown admira ce tableau, avec cette sensation délicieuse qu'un ami de la nature ne peut manquer d'éprouver, quand il se découvre tout-à-coup à ses yeux, surtout après une nuit passée dans les ténèbres, au milieu d'une mer agitée. Peut-être (car qui peut analiser ce sentiment qu'un homme né dans les montagnes conserve toujours pour les rochers qui l'ont vu naître ?) quelques souvenirs confus, existant encore bien long-temps après que la cause qui les avait produits était oubliée, se mêlaient aux sensations agréables qu'excitait le spectacle qui s'offrait à lui.

— Quel est, dit Brown au pilote, le nom de ce beau cap, qui, couvert de bois, s'avance dans la mer, et forme le côté droit de la baie.

— La pointe de Warroch, dit le jeune homme.

— Et ce vieil édifice avec cette maison moderne bâtie au dessous ? cela me paraît considérable.

— C'est le vieux château, monsieur ; et le nouveau est au dessous. Voulez-vous aborder ici ?

— Volontiers. Je visiterai ces ruines avant de continuer mon voyage.

— La plus haute tour sert de point de reconnaissance aux marins, comme Ramsay dans l'isle de Man, et la pointe d'Ayr. Il y a eu autrefois de grands combats.

Brown aurait voulu en tirer d'autres renseignements, mais un pêcheur n'est pas un antiquaire. Toute l'érudition du marin se bornait à savoir que c'était un point de reconnaissance, et qu'il y avait eu autrefois de grands combats.

— J'en apprendrai davantage, lorsque je serai à terre, se dit Brown.

Le bateau avança jusque sous la pointe où était situé le château, qui, du haut du rocher, dominait sur les vagues encore agitées. — Je crois, dit le jeune homme, que vous aborderez ici commodément ; c'était le port où s'abritaient leurs galères. Voilà un escalier étroit, taillé dans le roc, qui monte jusqu'au château : j'y ai débarqué souvent des marchandises au clair de la lune.

Tandis qu'il parlait ainsi, ils tournèrent une pointe avancée, et trouvèrent un petit port formé par la nature et par les travaux infatigables des anciens propriétaires qui, comme l'avait observé le pêcheur, y mettaient leurs flotilles à couvert de toute insulte ; mais ce petit hâvre ne pouvait recevoir les bâtiments tant soit peu considérables. Les pointes des rochers qui en formaient l'entrée ne laissaient pénétrer qu'un seul bateau à la fois, tant elles étaient rapprochées. De chaque côté subsistaient encore deux énormes anneaux de fer profondément scellés dans le roc. Ils servaient, selon la tradition, à retenir une forte chaîne, fermée par un immense cadenas, qui défendait le port et la petite flotte qui y était enfermée. On voyait autour une espèce de quai, taillé à l'aide du ciseau et de la pioche. La pierre était extrêmement dure, et cette tâche devait avoir été si difficile, disait le jeune pêcheur, que l'homme qui travaillait tout le jour pouvait emporter le soir dans son bonnet les fragments de pierre qu'il avait détachés. Le quai communiquait au château par l'escalier escarpé, dont nous avons déjà parlé si souvent; on pouvait aussi y parvenir du rivage, en grimpant sur les rochers.

— Vous ferez bien d'aborder ici, dit le jeune homme ; car cet endroit est propice, et je pourrai en sûreté y débarquer ma cargaison. Non, non, dit-il à Brown qui lui offrait de l'argent ; vous avez bien gagné votre passage, vous avez mieux travaillé qu'aucun de nous. Bon jour, bon voyage. En parlant ainsi, il s'éloigna pour aller débarquer sa cargaison sur la côte opposée de la baie. Il laissa Brown au pied des ruines, tenant sous le bras son petit paquet, qui contenait divers objets nécessaires, qu'il avait été obligé d'acheter à Allonby.

C'est ainsi qu'étranger, inconnu, sans amis à plus de cent milles à la ronde, accusé d'un crime capital, et ce qui est pire encore, sans argent et dénué de toutes ressources, c'est ainsi, dis-je, que l'héritier d'Ellangowan se retrouve pour la première fois, après tant d'années au milieu du château où ses ancêtres ont exercé une puissance presque souveraine.

CHAPITRE X.

Témoins de la grandeur de mes nobles ancêtres,
Antiques tours, jadis la gloire de vos maîtres,
Je vous revois enfin, orgueilleux monumens !
Que vous avez souffert des outrages du temps ?

La Mère mystérieuse.

Brown (que désormais nous appellerons Bertram, puisqu'il a mis le pied sur le sol dont ses ayeux étaient possesseurs) entra dans le château d'Ellangowan, par une poterne, qu'on paraissait avoir autrefois fortifiée avec soin. Il errait dans ces salles ruinées, admirant la solidité des murailles, la magnificence gothique de l'architecture, et la vaste étendue de terrain que ces ruines couvraient. Dans deux chambres qui communiquaient entr'elles, il aperçut des traces récentes d'habitation; dans l'une étaient des bouteilles vides, des os à demi rongés, et enfin les débris d'un repas. Dans l'autre qui était voûtée, et défendue par une énorme porte, alors ouverte, il trouva une grande quantité de paille, et dans toutes les deux les restes d'un feu récemment allumé. Qu'il était loin de penser que des circonstances si triviales fusent liées à des incidents qui menaçaient sa fortune, son honneur et peut-être sa vie.

Après avoir satisfait sa curiosité en parcourant rapidement l'intérieur du vieux château, Bertram sortit par la grande porte, et s'arrêta pour jouir de la vue délicieuse qui s'offrait à lui. Il chercha vainement la position de Woodbourne. Mais il s'assura de celle de Kippletringan, et se retourna pour jeter un dernier regard sur ces ruines superbes. Il admira la masse des deux tours rondes qui flanquaient la grande porte du château, et donnaient un effet pittoresque et majestueux à l'arc immense, mais sombre, qui s'ouvrait au milieu d'elles ; sur le cintre était gravé l'écusson de l'ancienne famille: c'étaient trois têtes de loup sur un fond d'azur et au dessous un loup couché et percé d'une flèche; pour support deux sauvages, *ceints et couronnés*, selon les termes du blason, et tenant à la main un chêne déraciné.

« La postérité des puissants barons qui portaient ces armoiries, possède-t-elle encore ces domaines qu'ils ont fortifiés par tant de travaux ? » se disait Bertram, en suivant le cours naturel des idées que ce lieu faisait naître. « Ou bien sont-ils errants, inconnus, ignorant même la renommée et la puissance de leurs ayeux tandis que leur héritage est dans des mains étrangères ? » Puis s'abandonnant à son imagination, et aux souvenirs que ce spectacle paraissait exciter en lui, « Quelles sont ces pensées dont mon esprit est agité, telles que des songes officieux et séduisants qui me rapellent les temps de mon enfance ? Mon vieux bramine Moonshie les aurait attribuées à l'idée d'une vie préexistante. Les rêves dont notre sommeil est bercé se représentent-ils à nos yeux par des objets qui ont avec eux un rapport éloigné ? Combien de fois, au milieu d'une société composée de personnes que nous n'avons jamais vues, quelque chose de mystérieux, d'indéfinissable, semble nous dire que tout ce qui nous entoure ne nous est pas inconnu : nous pressentons même la matière qui sera le sujet de la conversation. Voilà cependant les émotions secrètes qui agitent mon cœur en contemplant ces ruines. Ces tours énormes, cette entrée sombre, cette voûte ténébreuse, qu'une clarté indécise éclaire à peine du côté de la cour, rien de tout cela ne me semble étranger. Serait-ce ici le berceau de mon enfance ? Est-ce dans ces lieux que je dois chercher ces amis, dont ma jeunesse a conservé un tendre, mais faible souvenir, et qui furent remplacés par des maîtres inflexibles ? Cependant Brown, qui ne m'aurait pas trompé, m'a toujours dit que j'avais été enlevé sur la côte de l'Est, après une escarmouche où mon père avait été tué; et je me souviens encore d'une scène affreuse et sanglante, qui vient à l'appui de son récit. »

L'endroit où Bertram s'était placé pour observer

observer plus à son aise le vieux château ; était précisément celui où son père était mort. Il était remarquable par un énorme chêne, le seul qu'il y eût sur l'esplanade, qu'on appelait *l'Arbre de Justice*, parceque c'était à ses branches qu'on suspendait les malheureux condamnés par les anciens barons d'Ellangowan. Il arriva, et la coïncidence était frappante, que Glossin était occupé ce matin avec un personnage qu'il consultait ordinairement sur ses projets d'aggrandissement et d'amélioration. Il voulait employer les pierres du vieux château, dont la vue l'importunait en lui rappelant la grandeur de ses anciens maîtres, à agrandir le nouvel édifice. Il montait donc, suivi de l'arpenteur dont nous avons déjà parlé lors de la mort du vieux Bertram, et qui au besoin lui servait d'architecte. Bertram leur tournait le dos et était presque entièrement caché par le tronc de l'énorme chêne, de sorte que Glossin ne s'apperçut de sa présence que lorsqu'il fut près de lui.

— Oui, monsieur, comme je vous l'ai

dit souvent, le vieux château est une excellente carrière de pierres de taille; et quand il serait rasé tout n'en irait que mieux, car ce n'est qu'une retraite de contrebandiers. A ces mots, Bertram se retourna vivement, et se trouvant à deux pas de Glossin : — Quoi, monsieur, lui dit-il, voudriez vous achever de détruire cet édifice ? — Sa figure, sa taille, sa voix étaient celles de son père dans ses beaux jours. Glossin frappé de cette exclamation et de l'apparition soudaine de l'image vivante de son patron, au lieu même où il avait expiré, crut que le tombeau avait rendu sa proie. Il recula quelques pas, comme frappé d'une blessure mortelle. Il recouvra bientôt ses esprits, réfléchissant que ce n'était pas un revenant qui s'offrait à lui, mais bien un homme qu'il avait dépouillé, que la moindre maladresse de sa part pourrait conduire à la connaissance de ses droits et qui deviendrait ainsi la cause de sa ruine totale. Cependant la présence de Bertram mit un tel désordre dans ses idées, que sa première question se ressentit de ses alarmes.

— Au nom de Dieu, comment êtes-vous arrivé ici ?

— Ici, monsieur ? J'ai débarqué, il y a un quart-d'heure, dans la petite baie, au dessous de ce château et je mettais à profit un moment de loisir pour visiter ces belles ruines. Je pense qu'il n'y a pas d'indiscrétion ?

— Aucune, monsieur ; dit Glossin qui peu-à-peu s'était remis de son trouble. Vous êtes libre de satisfaire votre curiosité. Il dit tout bas quelques mots à l'oreille de son compagnon, qui le quitta aussitôt et descendit vers la maison neuve.

— Je vous remercie, monsieur. Ces ruines s'appellent le vieux château, m'a-t-on dit.

— Oui, monsieur, pour le distinguer de ma nouvelle maison qui est ici au dessous.

Il faut remarquer que, dans le dialogue suivant, Glossin, cherchait d'un côté à savoir si le jeune Bertram conservait quelque souvenir de sa jeunesse, tandis que de l'autre, il gardait dans ses réponses une prudence extrême, de peur de lui rappeller un nom, une idée, une anecdote. Il était cependant déchiré par des angoisses bien méritées. Mais, semblable aux indiens de l'amérique septentrionale, son orgueil et son intérêt le soutenaient contre les tortures d'une conscience coupable agitée par la haine, la crainte et le soupçon.

— Oserai-je, monsieur, vous demander le nom de la famille à qui appartiennent ces belles ruines ?

— C'est ma propriété, monsieur ; mon nom est Glossin.

— Glossin.... Glossin ! répéta Bertram, comme s'il se fût attendu à toute autre réponse. Pardon, M. Glossin ; je suis sujet à des distractions. Me permettrez-vous de vous demander si votre famille possède depuis long-temps ce domaine ?

— Ce château fût autrefois bâti par une famille appelée les Mac-Dingawaie, dit Glossin, évitant pour de bonnes raisons, de prononcer le nom de Bertram, qui aurait pu éveiller des souvenirs qu'il avait intérêt de laisser assoupis, et éludant par une réponse évasive la question sur la durée de sa possession.

—— Comment lisez-vous la devise à demi-effacée, qui est au dessus de l'entablement avec les armoiries ?

—— Je... Je ne puis pas bien la déchiffrer, en vérité.

—— Je crois qu'il y a : *notre Droit fait notre Force.*

—— Oui, oui, à-peu-près.

—— Est-ce la devise de votre famille ?

—— N.... non, non, c'est je crois, celle des anciens propriétaires. La mienne est... j'ai écrit à ce sujet à M. Cumming de Lion-office, à Edimbourg. Il m'écrit que les Glossins avaient autrefois pour devise: *Ce qui est bon à prendre est bon à garder.*

—— Si vous n'avez pas de certitude à cet égard, je préférerais, à votre place, l'ancienne devise ; elle me paraît la meilleure des deux.

Glossin, dont la langue s'attachait au palais, ne répondit que par un signe de tête.

16.

— La mémoire, dit Bertram, les yeux fixés sur les armes et la porte, se plaît quelquefois à nous bercer d'illusions singulières. Cette devise me rappelle une vieille prophétie, chanson, ou ballade. Attendez.... elle est sur un air assez drôle :

> Les ténèbres disparaîtront
> Et les torts se redresseront,
> Lorsque le droit de la naissance
> Aux Bertram..........

Je ne puis me souvenir du dernier vers ; je suis sûr que *puissance* en est la rime, mais j'ai oublié les mots précédents.

— Que le diable confonde ta mémoire, pensa Glossin, elle n'est que trop fidèle.

— Il y a d'autres vers que j'ai sus autrefois. A propos de vers, ne chante-t-on pas encore dans ce pays une vieille romance sur une fille du Roi de l'île de Man qui épouse un chevalier écossais ?

— Je suis la dernière personne du monde à consulter sur les antiquités, répondit Glossin.

— Je chantais cette ballade d'un bout à l'autre lorsque j'étais enfant. Il faut que je vous dise que l'Ecosse est ma patrie, que je l'ai quittée bien jeune, et que ceux qui m'ont élevé se sont efforcés d'effacer de ma mémoire tous les souvenirs que j'en avais conservés, parceque dans mon enfance, je souhaitais de leur échapper.

— C'est très-naturel, dit Glossin, et en prononçant ce peu de mots, il semblait faire les plus grands efforts pour écarter ses lèvres d'une demi-ligne; sa voix était faible, et ressemblait à un murmure sourd, bien différent des sons pleins et sonores qui sortaient ordinairement de sa bouche. Pendant cette conversation sa taille semblait se rappetisser; il ne paraissait plus que l'ombre de lui-même. Embarrassé et confus, il avançait tantôt un pied, tantôt un autre, haussait et baissait ses épaules, comptait les boutons de son habit, se grattait l'oreille, croisait les mains, en un mot il était dans l'attitude d'un scélérat qui s'attend d'un moment à l'autre à voir ses crimes découverts. Tout entier à ses idées, Bertram n'y faisait aucune attention et quoiqu'il lui parlât, il ne pensait pas assez à lui, pour remarquer sa confusion. — Oui, monsieur, dit-il, j'ai conservé ma langue maternelle parmi les marins, dont plusieurs parlaient anglais. Lorsque je me trouvais seul, je chantais toute la ballade d'un bout à l'autre. Maintenant j'ai oublié les paroles, mais je me souviens bien de l'air, sans que je sache ce qui le rappelle en ce moment à ma mémoire.

Il sortit son flageolet et se mit à préluder sur l'air de la ballade. Une jeune fille occupée à laver du linge à une fontaine voisine qui fournissait autrefois de l'eau au château, l'entendit. Cette mélodie lui rappela la romance, et elle se mit à chanter :

> Les voilà donc ces rivages charmants
> Et de Warroch la pointe fortunée !
> Lieux enchanteurs, où deux jeunes amants
> Vont aborder, guidés par l'Hyménée.

— Eh parbleu ! dit Bertram, c'est la ballade. Il faut que cette jeune fille me l'apprenne.

— Tout est perdu, pensa Glossin, si je ne l'arrête pas de suite. Au diable les ballades, et ceux qui les font, et ceux qui les chantent, et cette damnée de fille avec sa chanson! — Vous aurez assez le temps, dit-il assez haut : à présent (il voyait arriver son émissaire avec deux ou trois suppôts de la justice) il faut que nous ayons une conversation plus sérieuse.

— Que signifie cela, monsieur ? dit Bertram, blessé du ton impérieux de Glossin.

— Votre nom est Brown, à ce que je crois ?

— Que vous importe ?

Glossin regarda derrière lui et s'assura que ses gens accouraient.

— Van-beest Brown ? si je ne me trompe.

— Que vous importe, encore une fois ? répondit Bertram à qui le sang bouillonnait dans les veines.

— C'est qu'en ce cas, dit Glossin, observant que ses affidés étaient arrivés, je vous fais mon prisonnier au nom du Roi.

En même temps il saute au collet de Bertram, tandis que deux des estaffiers le saisissent par les bras ; mais celui-ci se débarrasse d'eux par un violent effort, renverse les plus opiniâtres, et tirant son couteau de chasse, il se met sur la défensive, tandis que ses adversaires, qui avaient éprouvé la force de son bras, se tiennent à une distance respectueuse. — Observez, leur dit-il en même temps, que je n'ai pas l'intention de résister à l'autorité légale. Montrez-moi le mandat du magistrat qui ordonne mon arrestation, et je vous suivrai sans résistance. Mais que ceux qui tiennent à la vie ne m'approchent point, avant de m'avoir justifié, par quel ordre, et pour quel crime, je dois être détenu.

Glossin ordonna à un des constables de lire le mandat d'arrêt décerné contre Vanbeest Brown, pour avoir volontairement et malicieusement tiré sur Charles Hazlewood, dans l'intention de le tuer, ainsi que pour autres crimes, méfaits, etc. avec ordre de l'amener devant le magistrat le plus voisin, pour être interrogé. Le mandat était dans les formes, et le fait ne pouvant être nié, Bertram jeta son arme et se livra à ses ennemis qui le voyant désarmé, se jetèrent sur lui avec une impétuosité égale à leur précédente pusillanimité. Ils étaient sur le point de le charger de fers, motivant cet excès de précaution sur la force qu'il venait de déployer contre eux. La honte ou la crainte empêcha Glossin de commettre cette insulte inutile ; il ordonna de traiter le prisonnier avec toute la décence, et même le respect compatibles avec sa sûreté. Craignant de l'introduire dans sa propre maison où il aurait trouvé des souvenirs encore plus frappants, et voulant couvrir sa conduite coupable de l'autorité d'un autre, il fit préparer sa voiture (car il en avait acheté une depuis peu), ordonna que le prisonnier et ses gardiens occupassent une des chambres du vieux château, et leur fit porter des rafraîchissements.

CHAPITRE XI.

Devant le tribunal amenez le coupable ?
Qu'il frémisse à l'aspect d'un juge irréprochable,
Et toi, si renommé par ton intégrité,
Vertueux magistrat, prends place à son côté.

Le Roi Léar.

Tandis qu'on préparait la voiture, Glossin avait à composer une lettre qui lui demandait beaucoup de temps. Il écrivait à son voisin sir Robert Hazlewood d'Hazlewood, le chef d'une famille ancienne et puissante dans le pays, dont l'autorité et l'influence s'étaient augmentées par la décadence de la maison d'Ellangowan. Sir Robert était un vieillard qui idolâtrait ses enfants, un fils et une fille, mais qui était d'une indifférence stoïque pour tout le genre humain. Au reste il se conduisait avec honneur, autant par crainte de la censure publique, que par intégrité. Naturellement enflé de sa noblesse, son orgueil venait de s'accroître encore par un héritage

héritage qui lui apportait le titre de Baronnet. Il haïssait la mémoire des Ellangowan, quoiqu'ils n'existassent plus que dans son souvenir, parce que, selon la tradition, un certain baron de cette maison avait forcé un Hazlewood à lui tenir l'étrier, pendant qu'il montait à cheval. Il affectait de s'exprimer dans un langage pompeux et fleuri, qui était souvent ridicule par l'étrange alliance et le nombre de mots dont il chargeait ses sentences.

Tel est le personnage à qui Glossin écrivait. Il mit tous ses soins à flatter son orgueil, par les formes respectueuses de son style. Voici son épître :

« M. Gilbert Glossin (il balança longtemps à mettre d'Ellangowan, mais la prudence l'emporta sur la vanité), M. Gilbert Glossin a l'honneur de présenter à Sir Robert Hazlewood ses complimens respectueux, et de l'informer qu'il a eu ce matin le bonheur de faire arrêter l'assassin de M. C. Hazlewood. Comme Sir Robert Hazlewood désire sans doute interroger lui-même le coupable, M. G. Glossin le fera conduire à l'auberge de Kippletringan, ou au château d'Hazlewood, selon le bon plaisir de Sir Robert Hazlewood. Et, avec la permission de Sir Robert Hazlewood, M. G. Glossin se rendra au lieu désigné, avec les preuves et les témoignages qu'il a été assez heureux de se procurer dans cette affaire abominable. »

Ellangowan, ce mardi.

Il fit monter un domestique à cheval, et le chargea de cette lettre. Il lui recommanda la plus grande célérité. Peu après, il fit monter Bertram dans sa voiture avec deux constables, et il les accompagna à cheval, jusqu'à l'endroit où se séparent les routes de Kippletringan et d'Hazlewood-house. Là il attendit que le retour du messager lui annonçât quelle route il devait suivre. Au bout d'une demi-heure, le domestique revint avec la lettre suivante, pliée avec soin, cachetée aux armes d'Hazlewood et portant les insignes de sa nouvelle dignité.

« Sir Robert Hazlewood d'Hazlewood répond aux compliments de M. G. Glossin, et le remercie de la peine qu'il a prise dans une affaire qui concerne la sûreté de la famille de Sir Robert. Sir R. H. prie M. G. G. d'avoir la complaisance d'amener le prisonnier à Hazlewood-house, pour y être interrogé, et d'apporter les preuves et les documents dont il fait mention. Et si, lorsque cette affaire sera terminée, M. G. G. n'a pas d'autre engagement, Sir Robert et Lady Hazlewood l'invitent à dîner. »

Hazlewood-house, ce mardi.

« Bon, pensa Glossin, j'y ai mis le doigt la main y passera bientôt toute entière. Mais il faut d'abord se débarrasser de ce jeune coquin. Je saurai manier Sir Robert, il est vain et présomptueux. Il se conduira d'après mes suggestions, tout en paraissant n'écouter que lui-même. Ainsi j'aurai l'avantage d'être moi-même le juge, sans encourir l'odieux de la responsabilité. »

Pendant qu'il se berçait de ces espérances, la voiture s'approchait d'Hazlewood-house à travers une belle avenue de vieux chênes. Le château avait l'aspect d'une antique abbaye. C'était un vaste édifice, bâti à diverses époques, dont une partie avait été un pricuré, que le premier de cette famille avait obtenu de la couronne à titre de concession, sous le règne de la reine Marie, lors de la suppression des monastères. Ces biens étaient situés dans une belle plaine, au bord de la rivière dont nous avons parlé. Le paysage d'alentour était sombre, majestueux, mélancolique, et s'accordait parfaitement avec l'architecture gothique du château. Tout était tenu dans le plus grand ordre, et annonçait l'opulence et le rang du propriétaire.

La voiture de M. Glossin s'étant arrêtée à la porte du château, Sir Robert la reconnut. Son orgueil aristocratique fut un moment indigné de la présomption de ce *novus homo*, de ce que ce Glossin, qui n'était qu'un petit greffier, osait se procurer une telle commodité. Mais sa colère s'appaisa, lorsqu'il vit qu'au milieu du manteau peint sur les panneaux de la voiture, il n'y avait que le simple chiffre G. G. Cette apparente modestie n'était due qu'au retard de M. Cumming de Lion-Office, qui occupé à découvrir les armoiries de deux commissaires de l'Amérique septentrionale, de trois Pairs Irlandais, et de deux riches négocians de la Jamaïque, avait mis plus de lenteur qu'à l'ordinaire pour trouver l'écusson du nouveau lord d'Ellangowan. Cette circonstance rendit l'opinion de l'orgueilleux baronnet plus favorable à Glossin.

Tandis que les constables gardaient leur prisonnier dans une espèce d'antichambre, M. Glossin fut introduit dans la pièce qu'on appelait le grand salon de chêne. C'était un long appartement garni de lambris vernissés, et orné des portraits des ancêtres de Sir Robert Hazlewood. M. Glossin, qui n'avait aucunes vertus pour balancer le défaut de naissance, sentit son infériorité, et montra par sa soumission servile et ses salutations répétées, que le

Seigneur d'Ellangowan n'avait pas oublié les courbettes de l'ancien greffier. Il aurait voulu se persuader qu'il n'agissait ainsi, que pour se prêter à l'orgueil du vieux Baronnet, et le faire tourner à son avantage; mais il sentait l'influence de ces préjugés qu'il prétendait flatter. Le baronnet le reçut avec cet air de condescendance que les grands affectent pour montrer leur supériorité, et, déployant toute sa bienveillance, il daigna s'abaisser jusqu'à converser avec lui. Il le remercia de ses soins dans une affaire qui intéressait de si près son fils, et lui montrant avec un gracieux sourire ses portraits de famille, il lui dit: — Ces respectables personnages vous sont obligés, autant que moi, des soins, des peines et des embarras que vous vous êtes donnés en leur considération, et s'ils pouvaient s'exprimer, je ne doute point qu'ils ne se joignissent à moi, pour vous remercier de l'intérêt que vous prenez à la conservation d'un jeune homme qui doit perpétuer leur nom et leur famille.

Glossin fit trois saluts, plus profonds les uns que les autres; une fois en l'honneur du chevalier qui lui parlait, la seconde par considération pour les paisibles personnages suspendus à la boiserie, et la troisième par respect pour le jeune gentilhomme qui devait perpétuer leur nom et leur famille. Sir Robert flatté de cet hommage, quoique rendu par un roturier, continua sur le ton de la plus gracieuse familiarité : — Maintenant, mon cher M. Glossin, vous me permettrez d'avoir recours à vos connaissances en jurisprudence pour procéder dans cette affaire. Je suis peu habitué à exercer les fonctions de juge de paix ; elles conviennent mieux aux autres gentilshommes, dont les affaires domestiques exigent moins de temps et de soins que les miennes.

Glossin répondit que ses faibles talents étaient entièrement au service de Sir Robert Hazlewood ; mais que, Sir Robert étant considéré comme un des premiers juges du comté, il ne croyait pas que son assistance fût d'une grande utilité.

— Vous m'enseignerez, mon cher ami, la pratique ordinaire. J'ai fait mon cours de droit avec quelque succès dans les principes abstraits et spéculatifs de notre code municipal. Mais un homme d'un rang distingué ne peut plus s'élever dans le barreau avec une foule d'aventuriers, qui plaident pour le dernier manant comme pour le premier noble du pays. La première cause qui me fut présentée me rendit malade. C'était une contestation entre un boucher et un marchand de chandelles, sur une vente de suif. Je vis qu'ils attendaient que je salirais ma bouche des termes de leur dégoûtant métier. Sur mon honneur, mon cher monsieur, depuis cette époque, je n'ai pu supporter la vue d'une chandelle.

Glossin partagea l'indignation du baronnet, comme celui-ci semblait l'attendre, sur l'emploi qu'on voulait faire de ses talents dans un procès si misérable. Puis revenant à son affaire, il lui offrit de lui servir de clerc ou d'assesseur. — D'abord, dit-il, il ne sera pas difficile de prouver le fai tprincipal, c'est-à-dire que le prisonnier a fait feu avec cette arme funeste. S'il le nie, nous aurons je pense, le témoignage de M. Hazlewood.

— Mon fils n'est pas à la maison aujourd'hui, M. Glossin.

— Nous aurons le serment du domestique qui le suivait : je ne crois pas que le fait soit disputé. Je crains beaucoup plus que, d'après l'aspect favorable dont M. Hazlewood a bien voulu présenter cette affaire, l'attaque ne soit regardée que comme l'effet du hasard ou d'une méprise, et que nous soyons obligés de mettre en liberté ce brigand, qui recommencera à commettre de nouveaux crimes.

— Je n'ai pas l'honneur de connaître la personne qui remplit les fonctions d'avocat du roi, dit gravement Sir Robert ; mais je présume, j'estime qu'à considérer la blessure du jeune Hazlewood d'Hazlewood sous le jour le plus favorable et sous le point de vue le plus excusable, c'est un crime pour lequel l'emprisonnement est une peine trop douce, et qui mérite autre chose que la déportation.

— Oui, Sir Robert, dit son confrère, je suis entièrement de votre avis ; mais j'ai observé, et je ne sais comment cela se fait, que les juges d'Edimbourg, et même les officiers de la couronne, se piquent, en rendant la justice, de n'avoir aucun égard pour le rang et la naissance, et je craindrais.....

— Comment, monsieur, n'avoir aucun égard pour le rang ou la naissance ? Cette infâme doctrine peut-elle être soutenue par des hommes biens nés et instruits dans les lois ? Non, monsieur ; de même qu'une bagatelle volée dans une rue n'est qu'un délit ordinaire, et devient un sacrilège, si le vol est commis dans une église, ainsi l'injure faite à une personne s'aggrave selon le rang de cette personne. Glossin s'inclina à cette déclaration *ex cáthedrá*; et il observa, qu'en cas même que ces doctrines fussent universellement suivies, il y avait une autre charge contre M. Van-beest Brown.

— Van-beest Brown ? c'est là le nom

de ce misérable ! Bon Dieu ! La vie du jeune Hazlewood d'Hazlewood a été compromise, la clavicule de son épaule droite déchirée et considérablement disloquée ; des lambeaux de chair emportés, comme le constate le procès-verbal du chirurgien de la maison, et tout cela par la main d'un obscur scélérat du nom de Van-beest Brown !

— Vraiment, Sir Robert, c'est une chose inconcevable. Mille pardons, si je reprends ce que j'avais à vous dire. Il paraît par ces papiers (il lui présente le porte-feuille de Dirk Hatteraick) qu'un personnage du même nom était lieutenant du vaisseau contrebandier dont l'équipage a attaqué Woodbourne. Je ne doute pas que ce ne soit le même individu. Vos lumières décideront cette question.

— C'est le même, mon bon monsieur. Ce serait faire injure, même à la dernière classe du peuple, de supposer qu'il existe deux personnes d'un nom aussi choquant pour les oreilles que celui de Van-beest Brown.

— Cela est vrai, Sir Robert, il n'y a pas l'ombre d'un doute. Vous pénétrerez plus avant ; cette circonstance nous explique sa conduite désespérée. Vous découvrirez sans peine les motifs de ce crime, en appliquant votre esprit à l'examen de cette affaire. Quant à moi, je ne puis m'empêcher de croire que c'est pour se venger du courage brillant que M. Hazlewood a déployé dans la défense de Woodbourne, que ce brigand a voulu l'assassiner.

— J'examinerai cela, mon bon monsieur. Cependant je penche à adopter la solution que vous avez donnée de ce problème ; énigme ou mystère. Oui, c'est une vengeance.... et, grand Dieu ! par qui et contre qui est-elle dirigée, conçue, machinée ! dirigée contre le jeune Hazlewood d'Hazlewood, et en partie exécutée, effectuée et accomplie par la main de Vanbeest Brown ! Ah ! mon digne voisin, (Cette épithète marquait quel progrès avait fait Glossin dans les bonnes graces du baronnet) q xel siècle que celui où nous vivons

vivons ! l'édifice de la société est ébranlé jusques dans ses fondements, et l'ordre de la noblesse qui en formait le plus bel ornement est confondu avec les plus vils matériaux. O mon bon M. Gilbert Glossin, de mon temps, l'usage de l'épée, des pistolets et autres armes honorables, était réservé à la noblesse, et les querelles du vulgaire se vidaient avec les armes que la nature lui avait données ou avec des bâtons coupés ou arrachés dans les bois voisins. Mais maintenant le soulier ferré du paysan marche de pair avec la botte du gentilhomme. Les gens de la plus basse extraction ont leur point d'honneur, et leurs différents se décident les armes à la main. Mais mon temps est précieux ; faites entrer ce coquin, ce Van-Beest Brown, et débarrassons-nous de lui au moins pour le présent.

CHAPITRE XII.

*Lui-même il s'est puni. Tel un jeune imprudent
Qui dans son sein, par accident,
Embrase le pétard qu'il lançait sur la foule....*

La belle Servante d'auberge.

Le prisonnier fut amené devant les deux dignes magistrats. Glossin, soit par l'agitation de sa conscience, soit par sa prudente résolution de laisser conduire toute l'affaire à Sir Robert, avait les yeux fixés sur la table, et s'occupait à lire et à arranger les papiers. Seulement il jetait un mot décisif, lorsqu'il voyait hésiter le magistrat principal et en apparence le plus actif. Quant à Sir Robert Hazlewood, il réunissait dans sa contenance la sévérité d'un juge et la dignité d'un baronnet.

— Constables, faites l'approcher et qu'il se tienne au bout de la table. Regardez-moi en face, monsieur, et répondez à haute voix aux questions que je vais vous adresser.

— Puis-je savoir, monsieur, quel est le personnage qui prend la peine de m'interroger ? Les honnêtes gens qui m'ont conduit ici n'ont pas jugé à propos de m'en instruire.

— Et quel rapport mon nom et mes qualités ont-elles avec l'interrogatoire que vous allez subir ?

— Peut-être aucun ; mais cela peut influer beaucoup sur ma disposition à répondre.

— Sachez donc, monsieur, que vous êtes en présence de Sir Robert Hazlewood d'Hazlewood, et d'un autre juge de paix du comté. Voilà tout.

La réponse du Baronnet n'ayant pas fait sur le prisonnier l'effet foudroyant qu'il en attendait, il procéda à l'interrogatoire avec des préventions encore plus défavorables à notre voyageur.

— Vous nommez-vous Van-beest Brown ?

— Oui, monsieur.

— Quelles qualités ajoutez-vous à ces noms ?

— Capitaine au..... régiment de cavalerie.

Les oreilles du Baronnet furent étourdies ; mais Glossin lui rendit le courage par son regard incrédule, accompagné d'une espèce de sifflement moqueur. — Je crois, mon ami, qu'avant de nous séparer, nous vous trouverons un titre plus modeste.

— En ce cas-là, je me soumets à tous les châtiments que mérite une pareille imposture.

— Eh bien, monsieur, nous verrons. Connaissez-vous le jeune Hazlewood d'Hazlewood ?

— Je n'ai vu qu'une fois le gentilhomme que j'ai su porter ce nom, et je regrette que ce soit dans une circonstance bien malheureuse.

— Vous avouez donc, monsieur, que vous avez fait au jeune Hazlewood d'Hazlewood une blessure qui a mis ses jours en danger, a fracturé la clavicule de son épaule droite, et d'où l'on a extrait, selon le rapport du chirurgien de la maison, du plomb et des esquilles.

— Tout ce que je puis vous dire, monsieur, c'est que j'ignore autant que j'en suis fâché, le mal qu'a éprouvé ce jeune homme. Je le rencontrai dans un sentier étroit, se promenant avec deux dames et un domestique. Avant que je pusse parvenir vers eux et leur parler, le jeune Hazlewood prit un fusil des mains du domestique, le dirigea contre moi, et du ton le plus impérieux m'ordonna de me retirer. Je n'étais pas plus disposé à me soumettre à son autorité, qu'à le laisser attenter à ma vie. Je m'élançai sur lui dans le dessein de le désarmer; ce que j'effectuai. Au même instant l'arme partit, et le châtiment que j'infligeai à ce jeune homme fut plus sévère que je ne le voulais ; mais je suis ravi d'apprendre que sa folle aggression n'a pas eu des suites plus funestes.

— Ainsi donc, monsieur, dit le Baronnet dont chaque trait exprimait l'orgueil offensé, vous convenez, monsieur, que votre dessein, monsieur, votre intention, monsieur, l'objet manifeste de votre attaque, monsieur, était d'enlever au jeune Haziewood d'Hazlewood son arme, monsieur, son fusil, monsieur, comme il vous plaira de l'appeler, sur une grande route royale, monsieur ? Je crois, mon digne voisin, que nous pouvons le faire conduire en prison.

— Comme vous le jugerez à propos, Sir Robert ? mais les contrebandiers.....

— C'est vrai, mon cher. Croyez-vous que j'ignore que vous, Van-beest Brown, qui vous dites capitaine au service du Roi, n'êtes qu'un misérable lieutenant de contrebandiers ?

— Si vous n'étiez un vieillard, monsieur, influencé par d'étranges illusions, pourrait on vous pardonner une si noire calomnie ?

— Un vieillard, monsieur ! d'étranges illusions, monsieur ! Je vous proteste et vous déclare..... Avez-vous quelques papiers, quelque lettre qui prouvent votre rang dans l'armée.

— Non, monsieur, je n'ai rien dans le moment; mais au premier ou au second retour de la poste.....

— Comment donc, monsieur, si vous êtes capitaine au service de Sa Majesté, se fait-il que vous voyagiez en Ecosse, sans lettres de recommandation ou de crédit, sans effets, sans quelque chose qui puisse prouver votre rang, état ou condition ?

— J'ai eu le malheur d'être entièrement dévalisé.

— Oh! oh! C'est donc vous qui ayant loué une chaise pour Kippletringan, abandonnâtes le postillon au milieu de la route, et envoyâtes deux de vos complices pour le battre et le dépouiller.

— J'étais effectivement dans cette voiture, je m'égarai en cherchant la route de Kippletringan, et l'hôtesse des Armes de Gordon vous certifiera qu'à mon arrivée, le lendemain matin, je m'empressai de demander des nouvelles du postillon.

— Vous me permettrez alors de vous demander où vous avez passé la nuit. Ce n'est pas dans la neige, sans doute ?

— Je vous prie de m'excuser, monsieur, si je ne réponds pas à cette question, dit Bertram, qui se souvint de la bohémienne et de la promesse qu'il lui avait faite.

— Je vous comprends. N'avez-vous pas passé cette nuit dans les ruines de Derncleugh, monsieur, dans les ruines de Derncleugh ?

— Je viens de vous dire que je ne répondrai point à cette question.

— Puisqu'il en est ainsi, je vais donner ordre de vous conduire en prison. Ayez auparavant la bonté de jeter un coup-d'œil sur ces papiers : êtes-vous le Van-beest Brown dont il y est fait mention ?

Il est bon d'observer que Glossin avait mêlé parmi les papiers quelques écrits qui appartenaient à Bertram, et que les constables avaient trouvés dans la vieille tour où son porte-manteau avait été ouvert.

— Quelques-uns de ces papiers, dit Bertram, sont à moi, et se trouvaient dans mon porte-feuille qui a été volé dans la chaise de poste. Ce sont des notes de peu de valeur, et je vois qu'on a choisi avec soin celles qui ne pouvaient prouver mon rang, ce que plusieurs autres auraient pleinement établi. Elles sont mêlées avec des rôles de vaisseau et autres papiers, qui appartenaient apparemment à quelque personne du même nom que moi.

— Croiriez-vous me persuader, l'ami, qu'il se trouve en même temps, dans le même pays, deux personnes portant un nom aussi choquant et aussi barbare que le vôtre.

— Je ne vois pas, monsieur, puisqu'il y a un jeune et un vieux Hazlewood, pourquoi il n'y aurait pas deux Van-beest Brown. Mais, à vous parler sérieusement, j'ai été élevé en Hollande, et si ce nom choque des oreilles britanniques.....

Ici Glossin, voyant que le prisonnier entrait dans une discussion qui n'était pas

sans danger pour lui, se hâta de l'inter-
terrompre; pour détourner l'attention de
Sir Robert. Cette interruption était inutile, car le Baronnet avait perdu la parole et le mouvement, à la présomp-
tueuse comparaison de Bertram. Les
veines de son cou et de ses tempes semblaient prêtes à crever. Son attitude était
celle d'un homme qui vient de recevoir
une offense mortelle, et qui regarde
comme au-dessous de lui d'y répondre.
Tandis que, l'œil enflammé et le sourcil
froncé, il respirait lentement et rejetait
l'air avec force, Glossin vint à son secours.
— Avec toute la soumission que je vous
dois, Sir Robert, il me semble que cette
affaire est assez instruite. Outre les preuves
déjà produites, un des constables offre de
jurer, que l'arme qu'on a enlevée ce matin
au prisonnier (tandis qu'il s'en servait pour
résister à la loi), est un couteau de chasse
qu'on lui a pris dans le combat qu'il sou-
tint contre les contrebandiers, avant l'attaque de Woodbourne. Cependant je suis
loin de vouloir faire naître en vous une

prévention défavorable au prisonnier. Peut-être expliquera-t-il comment cette arme est entre ses mains.

— C'est encore une question à laquelle je ne puis répondre.

— Voici une autre circonstance dont nous devons être instruits. Le prisonnier a remis à mistress Mac-Candlish à Kippletringan, une bourse contenant des pièces d'or de divers coins et des bijoux de prix. Peut-être serait-il à propos de lui demander comment des objets qui se trouvent rarement ensemble, sont venus en sa possession.

— Avez-vous entendu, M. Van-beest Brown, la question que monsieur vient de vous faire ?

— Oui, et j'ai des raisons particulières pour refuser d'y répondre.

— Dans ce cas, monsieur, notre devoir nous oblige à décerner contre vous un mandat d'arrêt.

— Comme il vous plaira, monsieur; mais prenez garde à ce que vous allez faire. Observez que je viens de vous dire que je suis capitaine au service de S. M.; que j'arrive de l'Inde, et que par conséquent je ne puis avoir de liaisons avec les contrebandiers ; que mon lieutenant-colonel est à Nottingham; le major et les officiers de mon corps sont à Kingston-sur-la-Tamise. Je consens à être couvert de honte si par le retour de la poste de Nottingham et de Kingston, je ne parviens pas à prouver tout ce que j'avance. Vous pouvez même écrire à l'agent du régiment.....

— Tout cela est fort bien, monsieur, dit Glossin qui commençait à craindre que la demande et la fermeté de Bertram ne fissent impression sur Sir Robert qui serait mort de honte d'avoir envoyé un capitaine de cavalerie en prison, tout cela est fort bien, mais n'y a-t-il personne d'ici près dont vous puissiez invoquer le témoignage.

— Je ne suis connu que de deux personnes dans le pays. L'une est un fermier de Liddesdale, appelé Dinmont de Charlies-hope ; mais il ne sait de ma condition
que

que ce que je lui en ai dit, et ce que je vous dis en ce moment.

— En voilà assez, Sir Robert. Je pense que vous n'appellerez pas ici ce manant pour venir, par son serment, affirmer sa sotte crédulité ; ha, ha, ha !

— Et quel est votre autre témoin ? dit le baronnet.

— Un gentilhomme que j'ai quelque répugnance à nommer, pour des raisons particulières, mais sous les ordres de qui j'ai servi quelque temps dans les Indes, et qui est trop homme d'honneur pour refuser son témoignage en ma faveur, soit comme militaire soit comme gentilhomme.

— Quel est ce puissant témoin ? Quelque quartier-maître à la demi-solde, quelque sergent, sans doute ?

— C'est le colonel Guy Mannering, ancien commandant du régiment où je suis capitaine, comme j'ai eu l'honneur de vous le dire.

— Le colonel Guy Mannering ! pensa Glossin ; qui diable l'aurait deviné ?

— Le colonel Guy Mannering! répéta le Baronnet, fortement ébranlé dans son opinion. Mon cher, dit-il tout bas à Glossin, ce jeune homme a un nom terriblement plébéien ; mais sa modeste assurance, son ton, ses manières sont d'un gentilhomme ou d'un homme qui a vécu dans la bonne société. Les grades se donnent fort légèrement dans les Indes. Je crois qu'il serait prudent d'attendre le retour du colonel Mannering, qui se trouve maintenant à Edimbourg.

— Vous êtes un juge très-éclairé, Sir Robert, répondit Glossin, et rempli de lumières. Je crois cependant devoir vous observer, qu'il me paraît très-imprudent de renvoyer ce jeune homme sur une simple assertion dénuée de preuves, et même que nous encourrions une grande responsabilité en le gardant dans une prison particulière, au lieu de le faire conduire dans une prison publique. Mais vous déciderez cela avec plus de sagacité que moi. Je voulais vous dire seulement que jai mérité dernièrement une censure sévère, pour avoir fait momentanément détenir un prisonnier dans un endroit que je croyais sûr, et sous la garde des constables. L'homme s'échappa, et je ne doute pas que ma réputation de magistrat vigilant n'en ait un peu souffert. Ceci n'est qu'une observation, Sir Robert, et je considérerai toujours votre décision comme péremptoire. M. Glossin savait bien que son avis était suffisant pour entraîner l'opinion de son collègue, qui, quoique rempli d'orgueil, se laissait facilement conduire. Ainsi dans son résumé, Sir Robert Hazlewood parla tantôt dans la supposition que le prisonnier était gentilhomme, tantôt comme s'il était de la plus basse extraction et même un assassin.

— Sir, M. Van-beest Brown, je vous appellerais Capitaine Brown, si j'avais la moindre raison de supposer que vous commandez une compagnie dans le corps respectable dont vous parlez ou dans tout autre régiment au service de S. M., prétendant ne donner sur cette circonstance aucune opinion, déclaration ni jugement. Je dis donc, Sir, M. Brown, que nous avons résolu ; considérant la situation pénible où vous vous trouvez, ayant été dévalisé et volé, et néanmoins possédant un trésor considérable et étant armé d'un couteau de chasse sur lequel vous ne voulez donner aucune explication, nous avons résolu, dis-je, pour ne pas nous compromettre, de vous faire conduire dans une prison, ou plutôt de vous y assigner un appartement, jusqu'au retour du colonel Mannering d'Edimbourg.

— J'acquiesce très-humblement à votre décision, dit Glossin. Oserai-je vous demander si votre intention est d'envoyer le jeune homme dans la prison du comté; car si ce n'était pas votre dessein, je prendrais la liberté de vous dire qu'il serait plus prudent de l'envoyer au Bridewell à Portanferry, où il serait moins exposé aux regards du public ; ce qui serait plus convenable, si ses déclarations se trouvaient vraies.

— Considérant qu'il y a un détachement de soldats à Portanferry, pour protéger les magasins de la douane, considérant que ce lieu est convenable, nous ordonnons, ou plutôt nous autorisons monsieur à être provisoirement détenu dans la maison de travail de Portanferry.

L'ordre étant aussitôt expédié, Bertram fut informé qu'il serait conduit le lendemain dans la prison qui lui était destinée, parce que Sir Robert avait résolu de ne pas le faire voyager de nuit, de peur qu'on ne le délivrât. Dans cet intervalle, il devait être gardé à Hazlewood-house.

« Cette captivité, pensa Bertram, ne sera ni aussi longue, ni aussi rigoureuse, que celle que j'ai soufferte chez les Looties. Mais que le diable emporte ce vieux faiseur d'embarras et son malin associé, qui ne parle qu'à demi-voix. Ils ne peuvent comprendre l'histoire la plus simple. »

Glossin prit en même temps congé du Baronnet, en lui faisant mille salutations et mille excuses de ce qu'il n'acceptait pas son invitation à dîner : il ajouta qu'il viendrait un jour obtenir son pardon et rendre ses respects à lady Hazlewood et au jeune M. Hazlewood.

— Certainement, monsieur, dit très-gracieusement le Baronnet. J'ose me flatter que notre famille s'est toujours montrée très-polie envers ses voisins. Lorsque j'aurai le plaisir de vous voir, M. Glossin, vous en serez convaincu ; car vous serez reçu aussi amicalement que vous pouvez l'attendre, l'espérer.....

« Maintenant, dit Glossin en lui-même, il faut trouver Dirk Hatteraick et ses gens, éloigner les gardes de la douane et mettre fin à notre entreprise. Tout dépend de l'activité. Quel bonheur que ce Mannering soit à Edimbourg ! Sa connaissance avec ce jeune homme augmente encore mes dangers. — Il laisse son cheval ralentir son pas. — Si j'essayais de transiger avec l'héritier ? Il est vraisemblable qu'il payerait une forte somme pour obtenir cette restitution, et je rejetterais tout sur Hatteraick.... mais, non, non, il y a trop d'yeux fixés sur moi, Hatteraick, Gabriel le matelot égyptien, et cette vieille sorcière.... Non, non, il faut suivre son premier plan. » Il donna de l'éperon dans les flancs de son cheval, et partit au galop pour mettre ses machines en mouvement.

CHAPITRE XIII.

Voûtes sombres, séjour d'alarmes
Lieux au silence destinés.
     Florian.

Le lendemain à la pointe du jour, la voiture qui avait amené Bertram à Hazlewood-house, le transporta avec ses deux gardes silentieux, dans la prison de Portanferry. Cet édifice était contigu aux bâtiments de la douane établie dans ce petit port de mer. Les flots venaient battre au pied des murs et pour s'opposer à leurs efforts constants, on avait été obligé de construire une digue de pierres énormes, disposées en talus, que les ondes couvraient souvent de leur écume. Une muraille élevée environnait la prison et formait une petite cour, où les tristes habitants de ce séjour avaient quelquefois la permission de respirer l'air et de faire de l'exercice. C'était une maison de correction ; mais elle servait par occasion de succursale à la prison du comté qui était assez éloignée de Kippletringan. Mac-Guffog, le constable, qui le premier, avait saisi Bertram et qui était dans la voiture, était le geolier de ce palais de la misère. Il fit approcher l'équipage jusqu'à la porte extérieure, et en descendit pour avertir les guichetiers. Le fracas de son coup de marteau alarma une trentaine d'enfants qui abandonnèrent les petites barques qu'ils faisaient voguer sur les mares d'eau laissées par la marée en se retirant, et s'empressèrent d'entourer la voiture pour voir le malheureux que le *Carrosse neuf de Glossin* avait amené à la prison. Bientôt le cri des verroux rouillés et la chûte des lourdes barres de fer qui protégaient la porte se fit entendre, et mistress Mac-Guffog parut. Elle était d'une force et d'une résolution capable de maintenir l'ordre et la discipline parmi ses hôtes insubordonnés pendant l'absence de son mari, ou lorsque il s'était abreuvé d'une trop forte dose de liquide. La voix glapissante de l'amazone, qui rivalisait d'harmonie avec le bruit des verroux et des chaînes, dispersa bientôt la troupe d'enfants qui encombraient le seuil de la porte. Elle adressa ces paroles à son époux.

— Fais donc descendre ce camarade, n'en as-tu pas la force ?

— Tais-toi, femme, retiens ta maudite langue, lui répondit son aimable mari en ajoutant deux épithètes énergiques que nous nous garderons bien de répéter puis s'adressant à Bertram :

— Voulez-vous descendre, mon garçon, ou faut-il vous donner la main ?

Bertram sortit de la voiture, et à l'instant où il mettait le pied à terre, il fut colleté par le constable, quoiqu'il n'opposât aucune résistance, et entraîné au milieu des clameurs des petits sans-culottes, que la présence de mistress Mac-Guffog tenait à une distance respectueuse. Dès qu'il eut passé le seuil fatal, la geolière barricada la porte, tira les verroux, tourna avec les deux mains une énorme clé, et l'ayant ôtée de la serrure, elle la mit dans une grande poche de drap rouge qui pendait à son côté.

Bertram se trouva dans la petite cour dont nous avons déjà parlé. Deux ou trois prisonniers erraient çà et là, et paraissaient avoir éprouvé quelque soulagement, lorsque la porte ouverte leur avait permis de jeter un coup-d'œil, jusqu'à l'autre côté d'une rue étroite. Ce sentiment ne doit pas étonner, en réfléchissant que leur vue était bornée à la triste façade de leur prison, aux murs élevés et noircis de la cour, au ciel qui était au dessus de leur tête, et au pavé qu'ils foulaient aux pieds. C'est cette perspective monotone, qu'un poëte appelle

« Un lourd fardeau pour les yeux fatigués, »

qui produit dans les uns une sombre misanthropie, et fait préférer dans les autres, au tombeau où ils sont enfermés vivants, un sépulcre plus paisible et éternel.

En entrant dans la cour, Mac-Guffog permit à Bertram de s'arrêter un moment et de considérer ses compagnons d'infortune. Il ne vit sur leurs figures que le crime, la honte et la bassesse. Avec le banqueroutier frauduleux et le voleur, étaient confondus l'idiot et l'insensé à qui une sordide économie faisait partager cette funeste demeure. Il sentit son cœur se soulever à l'idée de souffrir un instant la souillure de cette infâme société.

— J'espère, dit-il au geolier, que vous me donnerez un logement à part.

— Et que m'en reviendra-t-il ?

— Je serai retenu ici tout au plus un jour ou deux, et ce serait très-désagréable pour moi d'être confondu avec des gens de cette espèce.

— Que m'importe, à moi ?

— Puisqu'il faut parler à vos sentiments, vous en serez loyalement récompensé.

— Oui, capitaine, et quand? quand et comment? c'est là la question, ou plutôt les deux questions.

— Lorsque je serai délivré, et que j'aurai reçu de l'argent d'Angleterre.

Mac-Guffog hocha la tête, en signe d'incrédulité.

— Comment, l'ami, croiriez-vous que je suis vraiment un malfaiteur?

— Je n'en sais rien, mais il est tout clair que vous n'êtes pas rusé.

— Que voulez-vous dire par-là?

— Quel autre, qu'un imbécille leur aurait permis de garder l'argent que vous aviez déposé aux armes de Gordon? Le diable m'emporte, si je l'eusse laissé entre leurs mains! Ils n'avaient pas le droit de vous ôter votre argent et de vous envoyer en prison sans un liard pour payer vos dépenses. Ils auraient pu garder le reste comme pièces du procès. Pourquoi donc ne leur avez-vous pas demandé les guinées? je vous faisais mille signes, mais vous ne m'avez pas regardé une seule fois.

— Eh bien, si j'ai le droit de réclamer

mer cet argent, j'en userai, et il y a bien au delà de quoi payer les dépenses que je puis faire.

— Je n'en sais rien, vous pouvez rester ici long-temps. Le crédit que je vous accorderai doit être compté pour quelque chose dans les dépenses. Mais cependant, comme vous ne paraissez pas un homme du commun, quoique ma femme me reproche toujours que ma bonté me perd, si vous voulez me donner un ordre pour me faire payer de mes avances sur cet argent.... Glossin ne fera pas de difficultés... je sais quelque chose sur un individu qui s'est échappé d'Ellangowan... Il sera joyeux de trouver cette occasion de me rendre service.

— Si dans deux jours je ne reçois pas d'argent, je vous donnerai cet ordre.

— Bon, bon, vous serez traité comme un prince. Mais écoutez, mon ami, pour que nous n'ayons aucune discussion, voici les frais que se fait celui qui veut avoir une chambre particulière : trente shellings par semaine pour le logement et une guinée pour les meubles; une demi-guinée pour avoir le lit seul. Notez que je ne touche pas tout cet argent; il faudra que je donne une demi-couronne à Donald Laider qui est ici pour vol de bestiaux et qui devrait coucher avec vous, selon les règles. Il demandera de la paille fraîche et peut-être du whiski. Vous voyez donc que mon bénéfice est bien peu de chose.

— Bon, passons là-dessus.

— Ensuite pour votre nourriture et votre boisson, vous aurez ce qu'il y a de meilleur, et je ne prends jamais plus de vingt pour cent sur le prix de la taverne, pour obliger des gentilshommes comme vous; c'est bien peu, pour les allées et les venues, et la peine que prennent les servantes. Puis, si vous vous ennuyez tout seul, je viendrai vous tenir compagnie, et vous aider à vider votre bouteille. J'ai bu plus d'une fois avec Glossin, quoiqu'il soit Juge maintenant. Quant au feu et à la chandelle, c'est un article à part, parce que c'est contre les règles. Je crois vous avoir parlé des dépenses principales; si vous avez besoin de quelques autres objets, nous nous arrangerons.

— C'est bon ; il faut que je me fie à votre conscience, si vous savez ce que c'est que la conscience.... En vérité, je ne puis m'empêcher....

— Non, non, monsieur, je ne vous laisserai pas parler ainsi. Je ne vous force pas, si vous ne voulez pas donner ce prix, vous n'avez qu'à ne pas prendre les objets que vous demandez. Je ne force personne. Mon intention n'était que de vous obliger. Si vous voulez vivre en commun, cela m'est indifférent ; vous m'épargnerez de la peine, voilà tout.

— Je n'ai pas la moindre envie, comme vous pouvez le croire, de disputer avec vous. Allons, montrez-moi mon logement, car je languis d'être seul.

— Suivez-moi, capitaine, dit le geôlier en faisant une grimace pour sourire. Je vous dirai donc... pour vous prouver que j'ai une conscience, comme vous dites.... je ne vous demanderai pas plus de six sols par jour, pour vous laisser libre dans la cour, où vous pourrez vous promener pendant trois heures, et jouer à la balle, ou à tout autre jeu.

Tout en lui faisant cette gracieuse promesse, il introduisit Bertram dans la maison, et lui montra un escalier roide et étroit, au bout duquel était une porte épaisse garnie de plaques de fer et de clous. Au delà de cette porte était un corridor resserré, sur lequel s'ouvraient de chaque côté trois cachots, qui avaient pour tout ameublement un lit de fer et une paillasse. A son extrémité on trouvait un petit appartement moins misérable, que, sans l'énorme serrure de la porte et les lourds barreaux de la fenêtre, on aurait pris pour « la plus mauvaise chambre de la plus mauvaise auberge. » C'était une espèce d'infirmerie pour les prisonniers dont la santé demandait plus d'égards. Donald Laider, qu'on destinait pour camarade à Bertram, fut tiré de l'un des deux lits que l'appartement contenait, pour essayer si la paille fraîche et le whisky seraient plus favorables à ses fièvres intermittentes. Cette expulsion avait été exécutée par mistress Mac-Guffog, tandis que son mari parlementait avec Bertram. Cette bonne dame avait eu un pressentiment de la manière dont le traité devait se terminer. Apparemment que la force avait été nécessaire car les rideaux de l'un des lits étaient déchirés par le milieu, et couvraient une partie du pavé de cette chambre étroite.

— Ne faites pas attention à cela, capitaine, dit mistress Mac-Guffog qui les suivait, et, détachant sa jarretière, elle s'en servit pour consolider les pieds du lit. Puis elle rajusta en festons les rideaux avec des épingles, arrangea les draps, jeta dessus une couverture en guenilles, et s'écria : Voilà qui a l'air de quelque chose. Voici votre lit, capitaine, ajouta-t-elle en lui montrant quatre poteaux massifs qui soutenaient la misérable couche, où il devait passer la nuit. Comme le plancher avait donné, trois pieds étaient seuls appuyés à terre, et le quatrième se tenait en l'air comme la jambe d'un éléphant qui marche. — Voilà votre lit et les couvertures, mais si vous avez besoin de draps et de coussins, de nappe, de serviette ou d'essuie-mains, vous n'avez qu'à vous adresser à moi, cela ne regarde pas notre homme (pendant ce temps-là Mac-Guffog s'était esquivé, pour se derober aux plaintes qu'aurait pu exciter cette nouvelle exaction).

— Au nom de Dieu, dit Bertram, que tout soit propre, et exigez ce qu'il vous plaira.

— Tout sera bientôt prêt, et nous ne vous écorcherons pas. Je vais vous allumer du feu et vous apporter votre dîner ; il ne sera pas excellent aujourd'hui, nous n'attendions pas si bonne compagnie. Mistress Mac-Guffog rentra bientôt avec une pelle remplie de charbons allumés. Elle les jeta dans une grille qui depuis plusieurs mois n'avait pas contenu de feu. Puis, avec ses mains noircies, elle déploya les draps (bien différents hélas ! de ceux d'Ailie Dinmont!) et se mit à faire le lit, tout en murmurant, comme si cette peine n'était pas amplement récompensée. Elle partit enfin, marmottant entre ses dents qu'elle aimait mieux veiller sur les prisonniers, qu'obéir à toutes les fantaisies des godelureaux de cette espèce.

Bertram n'eut plus alors d'autres moyens de distraire son esprit, que de se promener dans son petit appartement, de jeter ses yeux sur la mer à travers les barreaux épais de sa fenêtre, ou de lire sur le mur les sentences obscènes et les injures que le crime y avait tracées. L'oreille était aussi désagréablement affectée que la vue. Au sourd murmure des flots qui se retiraient, se mêlaient, de temps en temps, le bruit d'une porte que l'on fermait, le cri aigre des verroux et le fracas des chaînes. Il entendait aussi la voix rauque du geolier et le fausset aigu de sa compagne, presque toujours montés au ton de la colère ou de l'insolence ; quelquefois un énorme mâtin, enchaîné dans la cour, répondait par des aboiements furieux aux insultes des prisonniers oisifs qui se faisaient un jeu de le provoquer.

Enfin une servante, au regard farouche, qui vint jeter une nappe sale sur une table plus sale encore, interrompit la monotonie fatigante de ce spectacle. Un couteau et une fourchette, qui n'avaient pas été usés à force d'être lavés, flanquaient une assiette de terre un peu écornée ; un pot de moutarde presque vide faisait le pendant d'une salière pleine d'un mélange grisâtre ou plutôt noirâtre, et l'un et l'autre portaient les marques d'un service récent. Bientôt après, la même Hébé apporta un plat de tranches de bœuf qui flottaient dans un océan de bouillon ; elle ajouta un pain grossier à ces viandes savoureuses, et lui demanda ce qu'il souhaitait pour sa boisson. Les mets n'étaient pas fort appétissants : il demanda donc du vin qu'il trouva passable, et il dîna avec un peu de fromage et du pain brun. Lorsqu'il eut fini de manger, la servante lui fit des compliments de la part de son maître, et lui dit que, si cela lui était agréable, il lui tiendrait compagnie pendant la soirée. Bertram le fit prier de l'excuser, et, au lieu de son agréable société, il demanda du papier, des plumes, de l'encre, et des chandelles. La lumière parut sous la forme d'une longue chandelle de suif brisée, inclinée sur un chandelier souillé de graisse ; quand à ce qui était nécessaire pour écrire, on lui annonça qu'il fallait attendre jusqu'au lendemain, pour en envoyer acheter. Bertram dit à la servante de lui procurer un livre, et appuya sa demande d'un shelling. Après une assez longue absence, elle reparut avec deux volumes du calendrier de Newgate, que lui avait prêtés Sam Silverquill, apprenti fainéant qui était accusé d'un crime de faux. Ayant placé les livres sur la table, elle se retira, et laissa Bertram lire un ouvrage qui convenait assez à sa triste situation.

CHAPITRE XIV.

Si sur un échafaud tu dois trouver la mort,
Comme un fidèle ami, je partage ton sort.

PLONGÉ dans les douloureuses réflexions qu'excitaient cette triste lecture et sa pénible situation, Bertram sentit pour la première fois son courage chanceler. « Je me suis trouvé, se disait-il, dans des positions plus fâcheuses, plus dangereuses, car ici je n'ai aucun péril à redouter ; d'un avenir plus effrayant, car cet emprisonnement doit bientôt finir ; bien plus insupportables, car je ne suis pas sans abri, sans feu et sans nourriture. Cependant, en lisant ces annales du crime, ces sanglantes histoires, dans un lieu qui correspond si bien aux idées noires qu'elles excitent, je ne puis me défendre d'une sombre mélancolie, que je n'avais jamais éprouvée. Ne nous y abandonnons pas. — Loin de moi, recueil de crimes et d'infamie, dit-il en jetant le livre sur le lit, il ne sera pas dit que dès le premier jour, une prison d'Ecosse a abattu un courage qui a bravé le climat, la misère, la faim et les fers dans une terre étrangère. J'ai été souvent aux prises avec la fortune, et je tâcherai toujours d'en être vainqueur. »

Alors se roidissant avec courage contre les coups du sort, il cherche à voir sa situation sous un point de vue plus favorable. « Delaserre doit bientôt venir en Ecosse ; les certificats de mon commandant ne tarderont pas à arriver ; et si Mannering vient témoigner en ma faveur qui sait si cela n'amènera pas une réconciliation ? » Il avait souvent observé que son colonel ne rendait jamais service à demi, et qu'il s'attachait de préférence aux personnes qui lui avaient des obligations. « La faveur que je lui demande aujourd'hui sans bassesse, peut nous conduire à un rapprochement, s'il me l'accorde de bonne grace. » Ces pensées lui rappellèrent naturellement Julie. Sans mesurer la distance qui séparai un soldat de fortune, d'une riche héritière dont le père devait le rendre à la liberté, il bâtissait des châteaux en Espagne et les ornait de toutes les graces d'une imagination brillante, lorsque son rêve agréable fut interrompu par un lourd coup de marteau à la porte extérieure. Le chien affamé, qui montait la garde la nuit dans la cour, y répondit par ses aboiements. Après beaucoup de précautions minutieuses, la porte s'ouvrit, et quelqu'un fut introduit. Dès qu'elle fut fermée et barricadée, un chien monta les escaliers, et vint gratter à la porte. Bientôt la voix tonnante et la démarche pesante de Mac-Guffog se firent entendre.

— Par ici, par ici, prenez garde à ce passage : voilà son appartement. Les verroux furent tirés, et, à la grande surprise et à la satisfaction de Bertram, son fidèle Wasp se précipita sur lui et le dévora presque de ses caresses. Il était suivi par son vigoureux ami de Charlieshope.

— Comment, s'écria l'honnête fermier

mier, en regardant le misérable réduit où était confiné son ami, qu'est-ce que tout ceci ?

— Un coup de la fortune, mon bon ami, dit Bertram en se levant et en lui serrant affectueusement la main, voilà tout.

— Que peut-on faire pour vous ? est-ce pour dettes ou pour.....

— Non, ce n'est pas pour dettes ; si vous avez le temps de vous asseoir, je vous dirai tout ce que j'en sais.

— Si j'ai le temps ? diable, serais-je venu ici pour ne vous voir qu'un instant ? Mais il est tard, et vous ne vous trouverez pas plus mal de manger un morceau. J'ai dit à l'auberge où j'ai laissé Dumple, de m'apporter mon souper ici, et je me suis arrangé avec Mac-Guffog pour cela. Contez-moi maintenant votre histoire. Paix donc, Wasp ! comme le pauvre animal est content de vous voir !

Bertram lui raconta brièvement l'accident de Charles Hazlewood, et la méprise causée par l'identité de nom entre lui et l'un des contrebandiers qui avaient participé à l'attaque du château de Woodbourne. Dinmont l'écouta attentivement.

— Votre affaire, lui dit-il, n'a rien qui doive vous désespérer. Qu'est-ce que quelques grains de plomb dans l'épaule ? si c'était dans les yeux, ce serait un autre cas. Ah ! si le vieux shériff Pleydell était encore ici ! c'était un homme qui vous aurait bientôt arrangé cela. Jamais vous n'avez entendu de plus beau discoureur.

— Dites-moi, mon excellent ami, comment avez-vous fait pour me trouver ici ?

— Ah ! c'est assez drôle ; mais je vous conterai ça après souper. Je ne veux pas en parler tant que ce grand coquin se trouvera dans la chambre.

La curiosité de Bertram fut en quelque sorte contenue par l'arrivée du souper que son ami avait commandé, et qui, quoiqu'assez ordinaire, avait la propreté appétissante qui manquait à la cuisine de mistress Mac-Guffog. Dinmont ayant observé qu'il avait voyagé tout le jour à cheval, sans rien manger depuis son déjeûner dont il valût la peine de parler (il désignait par cette phrase trois livres de mouton rôti qu'il avait dépêchées vers le midi), Dinmont, dis-je, se jeta sur la bonne chère, et, comme les héros d'Homère, parla peu, jusqu'à ce qu'il eût apaisé la faim et la soif qui le dévoraient. Enfin, après avoir bu un grand coup d'aile, il dit, en montrant les déplorables restes d'un énorme chapon : — Cette volaille n'était pas mauvaise, quoique engraissée dans les faubourgs d'une ville ; mais il n'y a pas de comparaison avec celles de Charlies-hope. Je suis charmé que cette mésaventure ne vous ait pas ôté l'appétit, capitaine.

— C'est que mon dîner n'a pas été assez ragoûtant pour m'empêcher de souper.

— Je le crois sans peine. Mais maintenant, la fille, que vous avez apporté l'eau-de-vie, l'eau chaude et le sucre, vous pouvez vous retirer, fermer la porte et nous laisser parler à notre aise. La demoiselle sortit, ferma la porte et eut la précaution de tirer les verroux.

Lorsqu'elle fut partie, Dandie reconnut les lieux, présenta l'oreille au trou de la serrure, et après s'être assuré que personne n'était aux écoutes, il revint se mettre à table, se versa un grand coup pour s'humecter le gosier, remua les charbons, et commença son histoire d'un ton de voix qui ne lui était pas ordinaire.

— Vous saurez, capitaine, que j'ai été passer deux ou trois jours à Edimbourg pour assister à l'enterrement d'une amie que nous avons perdue. Mon voyage pouvait ne pas être infructueux ; mais on trouve partout des désappointements ; qui s'y serait attendu ? J'avais aussi un petit procès, mais ce n'est pas de cela qu'il s'agit. Bref, mes affaires terminées, je revins à la maison. Le lendemain matin je sortis pour visiter mes troupeaux, et je m'avisai d'aller jeter un coup-d'œil sur le *Tout-hope-head*, pour lequel, Jock de Dawston et moi, nous sommes en litige. Comme j'arrivais, j'aperçus un homme que je vis bien n'être pas de mes bergers, et comme il est rare de rencontrer d'autres personnes dans ce désert, je m'avançai et je reconnus Tod Gabriel le chasseur au renard. « Que faites-vous ici sans vos chiens, lui dis-je un peu surpris, chassez-vous le renard sans eux? » Il me répondit : « Non, c'est vous que j'allais voir. »

« Auriez-vous besoin, lui dis-je, de quelque secours pour passer la mauvaise saison? »

« Non, non, ce n'est pas pour cela que je vous cherchais; vous intéressez-vous au capitaine Brown qui a passé quelque temps chez vous? »

« Sans doute, Gabriel, lui dis-je; et que lui est-il arrivé? »

« Il y a quelqu'un, me répondit-il, qui prend encore plus d'intérêt à lui que vous, et à qui je dois obéir. Ce n'est donc pas de ma propre volonté que je viens vous apprendre une nouvelle qui vous fera de la peine. »

« Ma foi, tout ce qui lui fait de la peine, m'en fait aussi à moi. »

« Vous saurez donc que s'il ne prend pas garde à lui, il est à la veille d'être mis en prison à Portanferry ; car il y a des ordres pour l'arrêter, dès qu'il sera revenu d'Allonby. Si vous vous intéressez à son sort, il faut partir sur-le-champ pour Portanferry, sans ménager les jambes de votre cheval. Si vous le trouvez en prison, il faut que vous demeuriez jour et nuit avec lui pendant un jour ou deux ; car il aura besoin d'amis qui aient bon cœur et bon bras. Si vous négligez cet avis, vous ne vous en repentirez qu'une fois, mais ce sera pour toute votre vie. »

« Mais comment savez-vous tout cela lui dis-je, il y a du chemin d'ici à Portanferry. »

« Il ne faut pas s'en embarrasser. Ceux qui nous apportent les nouvelles voyagent nuit et jour. Vous n'avez pas de temps à perdre si vous voulez faire une bonne action. Voilà tout ce que j'avais à vous dire. » En disant cela il s'éloigna et s'enfonça dans un vallon où il aurait été bien difficile avec ma bête de le suivre. Je revins à Charlies-hope pour me concerter avec ma femme, car je ne savais à quoi me résoudre. On se moquera de moi, me disais-je, si je vais courir les champs sur la parole d'un individu de cette espèce. Mais dès que ma femme sut de quoi il s'agissait, elle me dit que ce serait une honte si je souffrais qu'il vous arrivât du mal, pouvant l'empêcher. Votre lettre arriva tout-à-propos pour me confirmer dans cette idée. Je pris mes billets de banque, en cas qu'ils vous fussent utiles, et les enfants coururent seller Dumple. Par bonheur, je ne l'avais pas mené à Edinbourg, et il se trouva tout frais. Je montai dessus, Whasp me suivit, comme s'il devinait que j'allais vous trouver ; et me voilà après une course de 60 milles.

De cette étrange histoire Brown comprit que, si l'avis était vrai, il était menacé d'un danger bien plus imminent qu'un emprisonnement de quelques jours. Il était évident aussi qu'un ami inconnu travaillait à le délivrer. — Ne m'avez-vous pas dit, demanda-t-il à Dinmont, que ce Gabriel était de race égyptienne ?

— On le croit ainsi, et c'est vraisemblable. Ces gens-là savent tout ce qui se passe ; ils ont des nouvelles de tout le pays à l'instant qu'ils le désirent. J'oubliais de vous dire qu'on fait chercher partout cette vieille femme que nous rencontrâmes dans le Bewcastle. Le shériff a envoyé des émissaires de tous côtés, et on lui promet une récompense de 50 livres sterling, si elle se présente. Le juge Forster dans le Cumberland a lancé un mandat contr'elle pour la faire arrêter ; mais c'est inutile : on ne la prendra que lorsqu'elle le voudra bien.

— Comment cela ? dit Bertram.

— Je n'en sais rien. Je crois même que c'est n'avoir pas le sens commun que de dire qu'elle cueille des graines de fougere, et qu'elle se transporte à l'instant où elle veut, comme Jock le pourfendeur les géants, dans la ballade, avec son habit qui le rend invisible et ses bottes de sept lieues. C'est une espèce de reine parmi les bohémiens. Elle a, dit-on, plus de cent ans. Elle est venue dans le pays avec ces bandes qui ravagèrent l'Ecosse, lors de la chute des Stuarts. Si elle ne trouvait aucun asile, je sais bien où elle se réfugierait. Lorsque nous la vîmes chez Tib Mumps, si j'avais su que c'était Meg Merrillies, j'aurais eu plus d'égards pour elle en lui parlant.

Bertram écouta avec attention un récit qui avait des rapports si frappants avec ce qu'il avait vu de la sybille égyptienne. Après un moment de réflexion, il jugea qu'il ne manquerait pas à la promesse qu'il avait faite à la bohémienne, en racontant à Dinmont, qui montrait une si grande vénération pour Meg, ce qu'il avait vu à Derncleugh. Le fermier l'interrompit plusieurs fois par ces exclamations : « C'est étonnant ! c'est un être extraordinaire ! »

Lorsque notre ami de Liddesdale eut

entendu la fin de cette merveilleuse histoire, il secoua sa longue chevelure noire:

—— Eh bien, dit-il, je soutiendrai qu'il y a du bon et du mauvais dans ces égyptiens, et s'ils font un commerce avec l'ennemi, c'est leur affaire et non la nôtre. Je connais leur manière d'enterrer les morts. Lorsque ces diables de contrebandiers ont quelqu'un de leur bande tué dans un combat, ils appellent une vieille femme comme Meg, pour arranger le cadavre. Voilà toutes leurs cérémonies, puis on vous le jette dans une fosse comme un chien. Lorsqu'ils sont près de mourir, c'est encore une vieille qui leur chante des ballades et des charmes, au lieu d'un ministre pour prier avec eux. C'est une ancienne coutume. Je pense que l'homme que vous avez vu expirer, est un de ceux qui ont été blessés, lorsqu'ils ont mis le feu à Woodbourne.

—— Mais, mon bon ami, Woodbourne n'a pas été incendié.

—— Bon, tant mieux pour ceux qui l'habitent. On m'avait dit qu'il n'y restait pas pierre sur pierre. Mais on s'y est battu, c'est certain. Vous pouvez être sûr que c'est là que cet homme fut tué, de même que ce sont les bohémiens qui ont volé votre porte-manteau lorsqu'ils ont trouvé la voiture arrêtée dans la neige. Ils ne l'auraient pas laissé, car cela allait à leur main comme l'anse d'une pinte.

— Mais si cette femme est souveraine parmi eux, pourquoi ne m'a-t-elle pas accordé ouvertement sa protection ; et ne m'a-t-elle pas fait rendre ce qui m'appartient

— Qui le sait ? Peut-être a-t-elle le droit de leur dire ce qu'elle veut, et eux celui de faire ce que bon leur semble. Elle n'avait pas d'ailleurs la même autorité sur les contrebandiers avec qui ils sont ligués. On assure que les égyptiens savent le jour et le lieu où doivent débarquer les contrebandiers, mieux que les marchands qui traitent avec eux. Cette femme passe pour avoir le cerveau un peu dérangé ; elle croit à ses propres prédictions, et règle sur elles ses actions. Elle ne suit jamais le droit chemin pour aller au but. Votre histoire est si étonnante qu'elle devrait être écrite dans un livre. Mais chut! j'entends venir le geôlier.

Mac-Guffog interrompit dans ce moment leur conversation par la discordante harmonie des chaînes et des verroux, et montra aussitôt sa hideuse figure. — Allons, M. Dinmont, nous avons retardé une heure de fermer la porte pour vous obliger, il faut vous retirer à votre auberge.

— Mon auberge? j'entends coucher ici cette nuit. Il y a un lit vacant dans la chambre du capitaine.

— C'est impossible.

— Moi, je dis que c'est possible, puisque je ne bougerai pas d'ici. Tenez, buvez un coup.

Mac-Guffog, après avoir bu l'eau-de-vie, dit : — C'est contre la règle, vous n'avez commis aucun délit.

— Si vous parlez encore une fois, je vous casse la tête, et ce sera un délit suffisant pour me faire coucher ici.

Mais

— Mais je vous dis, M. Dinmont, que c'est contre la règle, et que vous me ferez perdre ma place.

— Mac-Guffog, je n'ai que deux choses à vous dire. Vous savez bien que je suis incapable de faire évader un prisonnier.

— Et comment le saurais-je?

— Si vous l'ignorez, vous savez néanmoins que vos affaires vous obligent quelquefois à venir dans notre voisinage. Maintenant, si vous me laissez passer tranquillement la nuit avec le capitaine, je payerai double le loyer de la chambre; sinon, vous recevrez le plus fameux mouie à emplâtre, la première fois que vous mettrez le pied à Liddesdale.

— Allons, brave homme, il faut montrer de la bonne volonté avec vous; mais si je suis réprimandé par les juges, je sais qui en portera la peine. Ayant accompagné cette observation de deux ou trois juremens, il alla se coucher après avoir fermé avec soin toutes les portes du Bridewell. La cloche de la ville sonnait en ce moment neuf heures.

— Quoiqu'il soit de bonne heure, dit le fermier qui observa que son ami était pâle et fatigué, je crois que nous ferons mieux de nous coucher, à moins que vous ne préfériez boire encore quelques coups. Mais vous n'êtes pas un grand buveur, ni moi non plus, si ce n'est lorsque nous nous réunissons avec nos voisins.

Bertram accepta volontiers la proposition de son ami; mais, en regardant le lit, il éprouva de la répugnance à se coucher dans les draps propres de mistress Mac-Guffog.

— Je suis de votre avis, capitaine. On dirait que tous les charbonniers de Sanquhar y ont couché; mais ma grande redingotte m'empêchera de me salir. En parlant ainsi, il se jeta sur le lit avec une telle force qu'il en fit craquer les frêles soutiens, et un ronflement sonore annonça bientôt qu'il était profondément endormi. Bertram quitta son habit et ses bottes et occupa l'autre lit. Son étrange destinée, les mystères dont il semblait environné, les amis et les ennemis secrets qu'il paraissait avoir, gens d'une classe avec laquelle il n'avait jamais eu aucun rapport, qui le protégeaient et le persécutaient tour-à-tour, toutes ces réflexions agitaient son esprit. Cependant la fatigue le calma, et bientôt il jouit d'un sommeil aussi profond que son compagnon. Laissons-le dans cet heureux oubli, pour faire connaître au lecteur quelques événements qui arrivaient dans la même époque.

FIN DU TOME TROISIÈME.

De l'Imprimerie de PIERRE CHAILLOT
Jeune, Éditeur, à Avignon.

…s généraux et extraordinaires …
…bien convaincue, d'après un long exa-
…e mûre délibération, que les anciennes
…mentales de cette monarchie, modifiées
…organisation et appuyées d'une garantie,
…ent d'une manière stable et permanente
…ère exécution, rempliront le grand objet
…elui de la gloire, de la prospérité et du
…de toute la nation, décrètent, pour le bon
…ment et la bonne administration de l'Etat,
…lution politique suivante :

TITRE I.

De la Nation espagnole et des Espagnols.

CHAPITRE PREMIER.

De la Nation espagnole.

… La Nation espagnole se compose de tous …pagnols des deux hémisphères.
…a Nation espagnole est libre et indépendante ; …est ni peut être le patrimoine d'aucune famille …ucun individu.

www.ingramcontent.com/pod-product-compliance
Lightning Source LLC
Chambersburg PA
CBHW070625170426
43200CB00010B/1920